Krista

Marion Buchheister

Endlich Schluss mit »Eigentlich ...«!

W0252182

»Seit Jahren hatte ich meiner Freundin versichert: ›Eigentlich würde ich gerne mehr Sport treiben, aber bei vier Kindern bleibt dafür einfach keine Zeit!‹

Ich war glatte 42, als ich mir endlich auf die Schliche kam und entdeckte, dass da irgendetwas nicht stimmte. Die Kinder waren längst groß und teilweise bereits aus dem Haus. Und ich? Ich machte weiterhin einen großen Bogen um den Sport. Also waren es gar nicht die Kinder, die mich hinderten? Lag das Hindernis möglicherweise gar nicht außerhalb, sondern innerhalb meiner Person?

Genau so war es! Diese Entdeckung setzte einen Umschwung in Gang – so ganz allmählich jedenfalls.

Es stimmt: Viele unserer Absichten und Wünsche können wir sehr wohl realisieren,

- wenn wir bereit sind, den Preis dafür zu zahlen;
- wenn wir unsere vermeintliche Statistenrolle als das entlarven, was sie ist: der krampfhafte Versuch, die Verantwortung abzuschieben;
- wenn wir aufhören, uns als hilflose Opfer zu fühlen, und endlich zu »Tätern« im eigenen Leben werden.«

Marion Buchheister hat vier erwachsene Kinder, lebt mit ihrem Mann in Hamburg und hat es schließlich geschafft, regelmäßig schwimmen zu gehen.

Von ihr erschien außerdem im R. Brockhaus Verlag: »Mein Mann kann tun und lassen, was ich will«.

Marion Buchheister

Endlich Schluss mit »Eigentlich ...«!

Wie Sie von halbherzigen Vorsätzen Abschied nehmen und beherzt Neues beginnen

R. BROCKHAUS

RB*taschenbuch Bd. 593*

1. Taschenbuchauflage 2001

© 1997 R. Brockhaus Verlag Wuppertal
Umschlaggestaltung: Ursula Stephan, Wetzlar
Umschlagfoto: Stone – Erik Dreyer
Gesamtherstellung: Breklumer Druckerei Manfred Siegel KG
ISBN 3-417-20593-X
Bestell-Nr. 220 593

INHALT

Vorwort 7
Einleitung 9

1. »Eigentlich *möchte ich 20 Pfund abnehmen, aber in dieser großen Familie gibt es einfach zu viele Feiern!«* 11
Was ist dran an den »zwingenden Umständen«?
Das »Ja, aber«-Spiel

2. »Eigentlich *hätte ich lieber einen anderen Beruf, aber dazu hätte ich vor 25 Jahren die Weichen anders stellen müssen.«* 19
Was ist dran an der »Diktatur verpasster Chancen«?
Das »Hätte-ich-doch«-Spiel

3. »Eigentlich *wäre ich gern locker und spontan, aber uns Müllers sitzt der Perfektionismus nun mal in den Knochen.«* 29
Was ist dran an den Prägungen, die nicht zu ändern sind?
Das »Meine-Eltern-sind-schuld«-Spiel

4. »Eigentlich *liegt mir viel an einer harmonischen Beziehung, aber mein Partner verdirbt einfach alles!«* 49
Was ist dran am »alleinigen Spielverderber«?
Das »An-mir-liegt's-bestimmt-nicht«-Spiel

5. »Eigentlich *möchten wir gar nicht mehr bei den Schwiegereltern wohnen, aber ein Auszug würde den beiden glatt das Herz brechen!«* 61
Was ist dran an der »zwingenden Rücksicht auf andere«? – Das »Dir-zuliebe«-Spiel

6. »Eigentlich *halte ich viel von Ehrlichkeit, aber leider zwingt die Höflichkeit uns manchmal auch zum Lügen.«* 73
Was ist dran am »Zwang zur Unehrlichkeit«?
Das Placebo-Spiel

7. »Eigentlich *möchte ich manchmal ganz anders leben, aber man kann Konventionen ja nicht einfach ignorieren!«* 82
Was ist dran an den »unumgänglichen Konventionen«?
Das »Man-tut-das-nicht«-Spiel

8. »Eigentlich *wünsche ich mir einen Partner, aber leider hat Gott mir den Richtigen noch nicht gezeigt.«* 90
Wie nötig ist das Warten auf »Gottes Fingerzeig«?
Das »Gott-lenkt-jeden-Schritt«-Spiel

9. »Eigentlich *will ich aufhören zu rauchen, aber Fakt ist, dass ich das sowieso nicht schaffe.«* 105
Was ist dran an der »Macht des Faktischen«?
Das »Ich-schaffe-es-sowieso-nicht«-Spiel

10. *Endlich Schluss mit* »Eigentlich ...«! – *Ein Abschied, der gut überlegt sein will!* 116

Nachwort 126

Literatur 128

VORWORT

»Sieh einer an«, sagte meine Freundin, als ich ihr den Titel meines Buches nannte. »Die schärfsten Kritiker der Elche waren früher selber welche!«

Das saß! Ich wusste sofort, was sie meinte. Schließlich war ich es gewesen, die Jahr um Jahr versichert hatte: »Eigentlich würde ich gerne mehr Sport treiben, aber bei vier Kindern bleibt dafür einfach keine Zeit!«

Ich war glatte 42, als ich mir endlich auf die Schliche kam und entdeckte, dass da irgendetwas nicht stimmte. Die Kinder waren längst groß und teilweise bereits aus dem Haus. Und ich? Ich machte weiterhin einen großen Bogen um den Sport. Also waren es gar nicht die Kinder, die mich hinderten? Lag das Hindernis möglicherweise gar nicht außerhalb, sondern innerhalb meiner Person?

Genau so war es! Diese Entdeckung setzte einen Umschwung in Gang – so ganz allmählich jedenfalls. Ich brauchte ein weiteres Jahr, bis ich den »Dreh« bekam und regelmäßig zum Schwimmen ging.

Entsetzt Sie das? Hätten Sie lieber eine Autorin, die alle Probleme im Griff hat, über die sie schreibt?

Dann muss ich Sie enttäuschen. Der Mensch, der immer schafft, was ihm zu tun vorschwebt, und nie im »Eigentlich« stecken bleibt, wäre ein vollkommener Mensch und somit frühestens im Himmel anzutreffen.

Solange wir auf dieser Erde leben, sitzen wir alle in demselben Boot. Sie als Leser dieses Buches, all die Leute, die darin zu Wort kommen (deren Geschichten authentisch, aber deren Namen verändert sind) und ich als Autorin.

Auch *mein* Zeigefinger taugt nicht, um damit von mir auf Sie zu zeigen.

Aber vielleicht könnte ja genau das Sie locken, sich mit diesem Buch offen auseinander zu setzen, statt nach zehn Seiten in Deckung zu gehen und Ihre ganze Energie in die Verteidigung zu stecken.

Das jedenfalls ist mein größter Wunsch.

Hamburg, im Mai 1997 Marion Buchheister

Einleitung

Ein eigenartiges Paradox: Wir leben als freie Menschen in einem freien Land, und doch scheint immerzu irgendjemand irgendetwas anderes tun und sein zu müssen, als das, was er eigentlich gern tun und sein möchte.

An Visionen und guten Absichten mangelt es keineswegs. (»Eigentlich würde ich gerne ...«) Es mangelt an der Umsetzung.

Und warum? Weil widrige Umstände, Prägungen, Konventionen und die Rücksicht auf andere uns hindern, Regie im eigenen Leben zu führen. Zumindest glauben wir das. (»Eigentlich würde ich gerne ..., aber ... hindern mich daran!«)

Auf diese Weise verkommen gute Absichten zu rhetorischen Floskeln. Schlimmer noch: Sie verkehren sich geradezu in Lebensmiesmacher. Denn kaum etwas stört die Freude am Leben so empfindlich wie das ständige Gefühl: Das, was ich eigentlich will, kann ich nicht tun. Und das, was ich tue, will ich eigentlich nicht.

Worum geht's? Um die Proklamation grenzenloser Machbarkeit, nach dem Motto: Wir können alles, wenn wir nur wirklich wollen? Nein, das ist Illusion! Beim besten Willen – alles schaffen wir nicht. Grenzenlos mag unsere Phantasie sein, Ideale zu kreieren, unsere Kräfte zur Verwirklichung bleiben begrenzt.

Und deshalb verdient manch ein überzogenes Ideal eher eine würdige Bestattung, als dass wir ihm Jahr um Jahr mit hängender Zunge nacheifern. – Das andere allerdings stimmt ebenso: Vieles können wir sehr wohl realisieren:

- wenn wir bereit sind, den Preis dafür zu zahlen;
- wenn wir unsre vermeintliche Statistenrolle als das entlarven, was sie ist: der krampfhafte Versuch, die Verantwortung abzuschieben;
- wenn wir aufhören, uns als hilflose Opfer zu fühlen, und endlich zu »Tätern« im eigenen Leben werden.

1 »*Eigentlich* möchte ich 20 Pfund abnehmen, aber in dieser großen Familie gibt es einfach zu viele Feiern!«

Was ist dran an den »zwingenden Umständen«?

»Eine ganze Menge«, meint Antje. »Niemand wird wohl im Ernst behaupten wollen, es entspräche meinem Wunsch, Übergewicht zu haben. Ich fühle mich schrecklich in meiner Haut und wäre viel lieber rank und schlank. Aber das funktioniert einfach nicht bei den vielen Geburtstagsfeiern und dieser spießigen Verwandtschaft, die jede Zurückhaltung beim Essen sofort als Beleidigung auffasst.«

Was ist dran an den »zwingenden Umständen«?

»Eine ganze Menge!« Sabine ist der gleichen Meinung. Seit Monaten ist sie bei keiner Gemeindeveranstaltung zu finden.

»Glaub mir«, beteuert Sabine, »ich würde so gern regelmäßig zum Gottesdienst gehen, aber den Sonntag brauch ich zum Ausschlafen. Drei Kinder, ein Mann, der sich zu Hause um nichts kümmert, mein Halbtags-Job im Büro, zweimal wöchentlich Fitness-Training und zurzeit jede Menge Überstunden, weil sonst nichts drin ist mit Winterurlaub ...«

Wann immer man Sabine trifft, erzählt sie von ihrem schlechten Gewissen und ihren guten Absichten.

Was ist dran an den »zwingenden Umständen«?

Herr Fuchs weiß es ganz genau: »Wir haben vier Kinder«, sagt er, »und eigentlich würde ich liebend gern mehr Zeit für sie haben. Neulich hat meine Frau ein Foto von mir an den Küchenschrank geklebt. Auf meine Nachfrage hin sagte sie sarkastisch: ›Damit die Kinder nicht vergessen, wie ihr Vater aussieht.‹

Bei einem Mittagessen schob unser Ältester mir die Schüssel zu und meinte: ›Bitte sehr – Gäste zuerst!‹

Das ist mir durch und durch gegangen. Aber die haben alle keine Ahnung, wie das ist, wenn man eine leitende Stellung bekleidet. So was handelt man eben nicht in acht Stunden pro Tag ab. Überstunden werden da einfach vorausgesetzt. Zwei Abende pro Woche gehen für Fortbildung drauf, ein Abend für Tennis mit den Kollegen, und natürlich gibt es für jemanden in meiner Position häufig gesellschaftliche Verpflichtungen.

Ohne Frage, für meine Familie bleibt da wenig Zeit. Wenn sie wenigstens begreifen würden, dass das nicht an mir liegt, sondern an der heutigen Arbeitslage!«

Was ist dran an den »zwingenden Umständen«?

»Sie verfolgen mich, sobald ich die Zeitung nach Stellenangeboten durchsuche«, sagt Jörg.

Vor zwei Jahren hat er sein Germanistikstudium abgeschlossen. Seitdem sucht er verzweifelt nach einer passenden Stelle.

»Es ist zum Verrücktwerden«, stöhnt Jörg. »Ich würde nichts lieber tun, als endlich zu arbeiten, aber man lässt mich einfach nicht!«

Jörg leidet ohne Frage.

Ehemals ein höchst aktiver Mensch, kommt er heute kaum noch hoch von seinem Sofa. Ein tragischer Beweis für die Existenz »zwingender Umstände«, oder?

Das »Ja, aber«-Spiel Absichtserklärungen, die mit »Eigentlich würde ich gern ...« beginnen, werden nach dem Komma meist mit »aber« fortgesetzt. Und diese vier Buchstaben läuten dann die Begründung dafür ein, dass der gute Vorsatz leider nicht in die Tat umgesetzt werden kann. Viele dieser »Eigentlich-würde-ich-gerne«-Wünsche halten sich hartnäckig, ohne je realisiert zu werden. Und wenn wir anderen Leuten zuhören, dann verstärkt sich der Eindruck, es hier mit einem ungeheuer weit verbreiteten Virus zu tun zu haben. Dauernd scheint jemand etwas anderes tun zu wollen, als das, was er tatsächlich tut. Der Grund? Zwingende Umstände, deren Beseitigung auf keinen Fall in der Macht dessen steht, der darunter leidet.

Vorteile Bringt dieses Spiel irgendwelche Vorteile? Und ob! Das »Ja, aber«-Spiel bringt derartig viele Vorteile, dass wohl niemand dieses Spiel jemals völlig ablegen wird. Wir haben so viele Ideen für gelingendes Leben. Wir wissen an vielen Stellen so genau, was gut, gesund und förderlich wäre für uns und andere. Wir erleben aber gleichzeitig, dass wir es oftmals einfach nicht schaffen, zu tun, was wir längst als richtig erkannt haben.

Und in diesem Konflikt schafft das »Ja, aber«-Spiel enorme Erleichterung. Immerhin bietet es die Möglichkeit, sich und anderen zu suggerieren, dass zumindest nicht wir selber Urheber unserer Unzulänglichkeiten sind, dass diese vielmehr in aktuellen, ungünstigen Verhältnissen wurzeln. Und genau damit ist die Absolution für all unsere Unzulänglichkeiten in greifbare Nähe gerückt.

Ein weiterer Vorteil des »Ja, aber«-Spiels: Es verspricht Gemütlichkeit. Ein Opfer zwingender Umstände ist schließlich zum Nichtstun verdonnert. Wer beteuern kann, etwas tun zu wollen, was andere ihm verwehren, kann ja wohl nicht der Faulheit bezichtigt werden.

Risiken und Nebenwirkungen Birgt das »Ja, aber«-Spiel Risiken und Nebenwirkungen? In Maßen genossen, ist damit kaum zu rechnen. Wer dieses Spiel allerdings zur Dauerbeschäftigung ausarten lässt, muss üble Nebenwirkungen in Kauf nehmen.

Wer ständig das Empfinden hat: Das, was ich tun möchte, wird mir verwehrt, während das, was ich tue, mir eigentlich widerstrebt, der wird sich zunehmend zerrissen fühlen. Und Zerrissenheit ist Nährboden grundsätzlicher Lebensunzufriedenheit. Wo das Gefühl, fremdbestimmt zu sein, dominiert, da wächst der Verdruss. Dass solch ein Mensch in seinem Tun (das er als aufgezwungen empfindet) nicht gerade zur Hochform aufläuft, liegt auf der Hand. Und dass solch ein »Getriebener« auch für seine Umgebung nicht gerade ein Hochgenuss ist, steht außer Frage.

Die Wirklichkeit Zurück zu Jörg. Er war durch seine Arbeitslosigkeit derartig niedergedrückt, dass er Trost bei einem Therapeuten suchte. Und jetzt stellen Sie sich vor, was passierte. Jörg klagte sein Leid. Aber statt ihn zu trösten, konfrontierte dieser Therapeut Jörg mit der dreisten Behauptung: »Jeder lebt, wie er will, alles andere ist ihm zu teuer!« Hart, oder?

Als ob Jörg arbeitslos sein *wollte*! Er ist doch kein Drückeberger! Er will doch gar nicht arbeitslos sein. Nur gibt's eben in seinem Umkreis keine Stelle für Leute mit seiner Qualifikation.

Oder Antje: Als ob Antje dick sein *wollte*! Sie will doch ihr Übergewicht viel lieber loswerden! Nur spielt die Familie da leider nicht mit.

Oder Herr Fuchs: Als ob er sich vor seinen Kindern drücken *wollte*! Er würde doch eigentlich furchtbar gerne mehr Zeit für sie haben.

Stimmt alles! Aber das andere stimmt eben auch: *dass alles seinen Preis hat*.

Herr Fuchs zum Beispiel könnte seinen Vaterpflichten durchaus besser nachkommen, wenn er bereit wäre, den Preis dafür zu zahlen. Aber der bestände zweifellos darin, sich mit einer Position zu begnügen, die keine 70 Stunden Arbeitszeit von ihm verlangt. Und dieser Preis ist Herrn Fuchs dann doch zu hoch.

Und Jörg? Der könnte seiner Arbeitslosigkeit sehr wohl entfliehen, wenn er bereit wäre, den Preis zu zahlen. Aber der bestände in seinem Fall darin, den Wohnort zu wechseln oder vorübergehend eine Arbeit zu akzeptieren, die unter seinem Niveau liegt. Und genau das scheint Jörg noch schwerer erträglich als seine Arbeitslosigkeit.

Und Sabine? Die könnte mehr Kontakt zu ihrer Gemeinde halten, wenn sie bereit wäre, den Preis dafür zu zahlen, sprich: ihre materiellen Ansprüche herunterzuschrauben oder endlich die fällige Auseinandersetzung mit ihrem Ehemann zu riskieren, um ihn zu mehr Mitarbeit im Haushalt zu animieren.

Drehen Sie es, wie Sie wollen. – Wir tun immer das, wofür wir am ehesten bereit sind, den Preis zu zahlen. Und alles, was wir vorgeben, eigentlich viel lieber tun zu wollen, ohne es je zu realisieren, ist uns einfach zu teuer.

Sachzwänge bieten gute Entschuldigungsgründe, wahrhaftig. Aber die wahren Gründe liegen oft an ganz anderer Stelle. Mitunter merken wir es selber. Da haben wir uns und andere jahrelang glauben gemacht, der Grund für unsere Unzulänglichkeiten läge in Sachzwängen und widrigen Umständen. Und plötzlich verändern sich die Umstände zu unseren Gunsten und wir kommen trotzdem nicht »in die Gänge«.

Bei mir war es die Sache mit dem Sport. Felsenfest war ich davon überzeugt, dass es dazu bei vier Kindern einfach keine Zeit gäbe. Aber irgendwann waren die Kinder groß, das Schwimmbad keine fünf Minuten entfernt, und ich ging immer noch nicht hin.

»Also, Marion!« Meine lästige Neigung zur Selbsterkenntnis verschaffte sich Gehör. »Die Kinder waren gar nicht das Hindernis, zumindest nicht ausschließlich. Dein ganzes Jammern über zwingende Umstände – viel Lärm um Nichts!

Sei ehrlich, Marion, du bist einfach ein bisschen bequem. Du sträubst dich gegen eine straffe Organisation deines Tagesplans. Du willst fit sein, ohne den Preis zu zahlen. So ist das! Und jetzt sei so gut und entscheide dich! Bleib weiterhin sitzen auf deiner langen Bank, schieb den Sport auf dieselbe, kuschel dich ins Sofakissen und verkneif dir fortan die Behauptung, du würdest im Grunde nichts lieber tun, als Sport zu treiben. Oder komm endlich in die Gänge! Plan den Sport genauso selbstverständlich ein wie dein Frühstück, wünsch dir zu Weihnachten eine Jahreskarte fürs Schwimmbad und komm endlich vom Reden zum Tun!«

Und? Es hat geklappt. Mühelos? Nein! Kostenlos? Nein! Sie hätten das erleben sollen! Tagtäglich trieb meine Phantasie neue Blüten, um Gründe zu finden, warum ausgerechnet heute wirklich keine Zeit zum Schwimmen sei. Aber mittlerweile läuft die Sache.

Schluss mit »Ja, aber« Überlegen Sie: Was wollen Sie schon lange tun, ohne es bisher realisiert zu haben?

Überlegen Sie weiter: Welchen Preis müssten Sie zahlen, um Ihr Vorhaben in die Tat umzusetzen? Ist dieser Preis zurzeit für Sie zahlbar? Haben Sie den Willen, die Kraft, die finanziellen Möglichkeiten?

Wenn Ja, dann zahlen Sie jetzt den Preis, und schieben Sie Ihr Vorhaben nicht länger auf die lange Bank.

Wenn Nein, dann stehen Sie dazu und sagen: Im Augenblick fehlt es mir an Kraft, den Preis für mein Vorhaben zu zahlen. Das ist, wie es ist. Es kann sich durchaus ändern. Doch bis dahin lasse ich um meiner eigenen Zufriedenheit willen das »Ja, aber«-Spiel erst mal sein.

P.S.: Immer und überall wird diese Konsequenz uns nicht gelingen. Ganz ohne »Ja, aber« kommen wir nicht aus, und ab und zu brauchen wir alle das schützende Versteck hinter »widrigen Umständen«.

Der, der rigoros umsetzt, was er sich vornimmt, und sich niemals scheut, den Preis für sein Vorhaben zu zahlen, ist ein Konstrukt griechischer Heldensagen.

Für uns Normalverbraucher bleibt, was mein hoch geschätzter Lehrer, der Psychotherapeut Reinhold Ruthe, so ausdrückte: »Sie können aus größeren Fehlern kleinere machen!« Mit anderen Worten: Sie können das »Ja, aber«-Spiel nicht völlig vermeiden, aber Sie können es seltener spielen. Und ich finde, das ist ein phantastisches, weil barmherziges Ziel.

2 »*Eigentlich* hätte ich lieber einen anderen Beruf, aber dazu hätte ich vor 25 Jahren die Weichen anders stellen müssen.«

Was ist dran an der »Diktatur verpasster Chancen«?

»Ich hab schon als Kind keine Zahlen gemocht«, sagte Herr Block. »Und wenn Sie mich fragen – es war eine absolute Fehlentscheidung meiner Eltern, ausgerechnet mich in eine Banklehre zu stecken. Aber damals wurde nicht lange gefackelt. Vater hatte gute Beziehungen zum Direktor der Sparkasse, und außerdem, so meinten die Eltern, sei die Arbeit sauber und abwechslungsreich. Also ging ich zur Bank. In diesem Jahr hab ich silbernes Dienstjubiläum. Aber begeistert war ich nie von meiner Arbeit. Was glauben Sie, wie oft ich mir sage: Hätte ich diese Berufsentscheidung doch bloß nicht meinen Eltern überlassen!«

Was ist dran an der »Diktatur verpasster Chancen«?

»Ich beneide Sie um Ihre Freiheit«, sagt meine Gesprächspartnerin. »Sie sind gerade mal 45 Jahre alt, Ihre Kinder sind erwachsen und Sie können schon wieder Ihr Leben genießen. Ich bin 35, habe gerade mein erstes Kind bekommen, und bis ich wieder mal an mich denken kann, werde ich 60 sein. Hätte ich das Thema Familienplanung doch bloß nicht so lange vor mir hergeschoben!«

Ganz abgesehen davon, dass da jemand eine höchst merkwürdige Alternative aufstellte (Kinder haben oder das Leben genießen), die Frau, die so sprach, war fest davon überzeugt, dass alle momentanen Unannehmlichkeiten ihres Lebens Folge ihrer Fehlentscheidung waren.

Und dieser Zusammenhang steht auch für Frau Zerbel außer Frage.

»Lass die Finger von diesem Mann!« Frau Zerbel hatte die Worte ihrer Eltern auch nach 20 Jahren noch im Ohr. »Wie der sich aufführt, wenn du nicht nach seiner Pfeife tanzt!« Damals hatte Frau Zerbel die Bedenken der Eltern lachend beiseite geschoben. Sie würde sich diesen Mann schon zurechtlieben, da war sie ganz sicher. »Irrtum«, sagt sie heute und macht sich selbst die größten Vorwürfe. »Hätte ich damals doch bloß auf meine Eltern gehört! Dann ginge es mir jetzt besser. Aber nun ist es zu spät, um etwas zu verändern!«

Was ist dran an der »Diktatur verpasster Chancen«?

»Solange du die Füße unter meinen Tisch stellst, hast du dich nach meinen Vorstellungen zu richten. Und wenn dir das nicht passt – bitte! Da ist die Tür! Verschwinde auf Nimmerwiedersehen – oder tu endlich, was ich dir sage!«

Seit diesen Sätzen sind beinahe drei Jahre vergangen. Und das, wovon Herr Fendt behauptet, es doch niemals wirklich gewollt zu haben, ist passiert. Sein Sohn ist gegangen und bis heute nicht zurückgekehrt.

»Hätte ich mich damals doch bloß besser im Griff gehabt«, sagt Herr Fendt. »Es wäre nie zu diesem entsetzlichen Bruch zwischen uns gekommen.«

Was ist dran an der »Diktatur verpasster Chancen«?

»Vor Jahren bekam ich ein Stellenangebot aus München«, erzählt Herr Schneider. »Da hätte ich zugreifen sollen! Da wär ich heute längst Abteilungsleiter. Stattdessen hocke ich nun in meinem friesischen Heimatdorf und trete auf der Stelle. Zum Wechseln ist es jetzt natürlich zu spät. Ich bin 48, da kann man sich Träume von beruflicher Veränderung wohl abschminken!«

Das »Hätte-ich-doch«-Spiel Kennen Sie das? An der Kasse im Supermarkt zu stehen, geplagt von dem Eindruck, wieder mal die falsche Reihe erwischt zu haben?

Natürlich! Ausgerechnet *Ihre* Kassiererin hat nichts mehr auf der Rolle! Und das dauert! Zudem hatte die Kundin vor Ihnen offensichtlich ein Händchen für Artikel, die nicht ordentlich ausgezeichnet waren. Das verzögert.

Und alles, aber auch alles deutet darauf hin, dass es besser gewesen wäre, sich vor der anderen Kasse zu platzieren. Sollten Sie vielleicht wechseln? Jetzt nicht mehr! Wer garantiert Ihnen schon, dass es in diesem Fall nebenan immer noch so zügig vorangeht? (An dieser Stelle nutzen Sie Ihre Erfahrungen von diversen Autobahnfahrten. Da haben Sie das schließlich oft genug erlitten: Sie wechselten von rechts nach links, und binnen kürzester Zeit waren es plötzlich die Rechten, die zügig rollten. Grauenhaft! Hätten Sie bloß nicht gewechselt!)

Kennen Sie so etwas?

Dieses zermürbende Zweifeln nach Entscheidungen – ganz gleich, ob es zwischen rechter oder linker Autobahnspur zu wählen galt, zwischen dem Urlaub im Süden oder Norden, zwischen zwei möglichen Berufsperspektiven oder gar zwischen zwei möglichen Lebenspartnern?

Hätte ich mich, als es darauf ankam, bloß anders entschieden, dann ...! Ja, was dann? Klarer Fall:

Auf der linken Spur wär ich wahrscheinlich schon über alle Berge;

im Süden müsste ich mir um das Wetter keine Sorgen machen;
die Arbeitsstelle, die ich damals abgelehnt habe, ließe mein Konto heute garantiert rosiger aussehen;
der Mann, den ich damals für Hans-Gerd sausen ließ, strotzt heute vor Eigenschaften, die ich an Hans-Gerd so schmerzlich vermisse!

Zu spät, diese bitteren Erkenntnisse! Wie sollten wir *heute* etwas ändern können, wenn wir in längst vergangener Zeit Chancen verpasst haben?

Ganz offensichtlich gehört es zum Menschsein, dass wir uns immer noch mehr und Besseres vorstellen können als das, was wir aktuell erleben. Meist klafft eine beträchtliche Lücke zwischen Wunschtraum und Wirklichkeit. Und noch etwas ist uns Erdenwesen offenbar zu Eigen: Wir sind erleichtert, wenn wir für diese Lücke eine Erklärung finden.

Und auf der Suche nach eben dieser Erklärung kommt uns mitunter der Verdacht, unser ganzes Dilemma rühre womöglich von einer falschen Entscheidung, die wir irgendwann getroffen haben. Genau hier setzt nun das »Hätte-ich-doch«-Spiel ein.

Und jetzt sagen Sie nicht vorschnell, dass dieses Spiel sinnloser Zeitvertreib sei. Im Gegenteil:

Vorteile Immerhin bietet das »Hätte-ich-doch«-Jammern eine willkommene Entschuldigung dafür, an einer aktuellen Misere nichts ändern zu können.

Schließlich sind die Weichen ja in einer Zeit gestellt worden, die längst vergangen ist, und jetzt haben wir darauf keine Einflussmöglichkeiten mehr.

Und noch ein Vorteil: Das »Hätte-ich-doch«-Spiel erhält uns die Illusion, dass Schmerz und Unannehmlichkeiten, Krisen und Probleme sich eigentlich sehr wohl vermeiden lassen. Einzige Voraussetzung: zur richtigen Zeit die richtigen Entscheidungen!

Im Grunde, so glauben hartnäckige »Hätte-ich-doch«-Spieler, könnte dieses Leben ein Paradies sein. Nur müsse man dazu die richtigen Weichen stellen.

Wer das »Hätte-ich-doch«-Spiel nicht still für sich betreibt, wer stattdessen auch andere Leute teilhaben lässt an dem Bedauern tragischer Fehlentscheidungen, der darf zudem auf Trost hoffen. Oder glauben Sie ernsthaft, dass einem derartig unglücklichen Pechvogel das Mitleid verwehrt wird?

Sie merken es schon: Auch das »Hätte-ich-doch«-Spiel zählt zur Kategorie der Opfer-Spiele. Der Spieler gibt uns zu verstehen: »Ich armer Tropf kann an meiner Misere nichts ändern!« Mir bleibt nichts anderes übrig, als die Suppe auszulöffeln, die ich mir selber eingebrockt habe.

Risiken und Nebenwirkungen Es mag dieses Spiel zweifellos beachtliche *Vorteile* bieten (natürlich, sonst spielten wir es ja nicht!) – seine Risiken und Nebenwirkungen sind bedrückend. Denn eins erreichen »Hätte-ich-doch«-Spieler nie: Zufriedenheit.

Und eins sind »Hätte-ich-doch«-Spieler gewiss nicht: eine Freude für ihre Umgebung.

All die Energie, die man zum Bejammern verpasster Chancen braucht, steht nicht mehr zur Verfügung, um den Boden der Tatsachen zu beackern. Und auf diese

Weise wird eine unbefriedigende Situation noch mühsamer – ein ständiger Grund, um weiter zu jammern.

»Hätte-ich-doch«-Spieler geraten auf diese Weise in einen Teufelskreis. Das können Sie mir ruhig glauben! Ich habe Ahnung von diesem Spiel. Immerhin stand es jahrelang auf meiner persönlichen Bestsellerliste.

Mit 20 wollte ich unbedingt heiraten. (Was störten mich die Warnungen meiner Eltern!) Und ich wusste, was ich wollte: einen starken Mann mit breiten Schultern zum Anlehnen, einen, der wusste, was er wollte, und durchzog, was er sich vorgenommen hatte, extrem klug, extrem fromm, extrem weltoffen.

Den habe ich bekommen. Und mit 21 fanden wir beide, es sei Zeit für ein Kind.

Auch das hat geklappt.

Und mit 22 saß ich auf einer Bank vor der alten Marburger Universität und heulte Rotz und Wasser. Mein starker Mann war mir zu stark. Ach, was sag ich? Von Stärke war gar keine Rede mehr. Die empfand ich plötzlich als pure Dominanz, die mich an meiner Entfaltung hinderte.

Und obwohl ich um keinen Preis der Welt unsere kleine Tochter hätte missen mögen, spürte ich zugleich auch Neid auf all die lässigen, unabhängigen Studenten, die an mir vorbeizogen. Unter der Oberfläche breitete sich Groll aus, weil ich meine eigenen Studienpläne aufgegeben hatte. Die Gedanken daran beeinflussten meine Gefühle. (Das kann gar nicht anders sein!)

»Hätte ich doch ... dieses oder jenes gar nicht, anders oder wenigstens später gemacht!« Dieses Lied wurde zu meinem persönlichen Ohrwurm.

Gott sei Dank habe ich einen guten Freund, der mir immer wieder sehr unverschämt seine Meinung kundtut. Dem klagte ich mein Leid. Und jetzt stellen Sie sich das vor! Er bezichtigte mich frechweg der Weltfremdheit. Er sagte: »Mit Verlaub, Marion, du hast noch nicht begriffen, dass jede Entscheidung *für* etwas zugleich mit dem Verzicht auf etwas anderes Hand in Hand geht – dass also jede Entscheidung sowohl Gewinn als auch Verlust nach sich zieht. Und du? Du bist maßlos! Du willst ausschließlich gewinnen und auf nichts verzichten. Du willst das, was schon technisch gesehen undenkbar ist: Du willst auf Händen getragen werden – und im gleichen Moment auf eigenen Füßen stehen. Hör auf mit dieser Jammerei! Mit der Energie, die dann frei wird, kannst du dann deine Situation gestalten. Und dann lass diese blödsinnige Schwarz-Weiß-Malerei. Rede dir nicht ein, dass innerhalb deiner Situation keinerlei Weichenstellung mehr möglich sei. Nicht alles ist zum gleichen Zeitpunkt zu realisieren, aber vieles sehr wohl nacheinander!

Studium oder Ausbildung kannst du auch noch in Angriff nehmen, wenn die Kinder größer sind.

Und was die angebliche Dominanz deines Mannes betrifft: Dazu gehören zwei! In diesem Falle eine, die sich wie ein kleines Mädchen aufführt, und einer, der sich genötigt sieht, dieses kleine Mädchen bei der Hand zu nehmen.

Und wenn dir Letzteres nicht gefällt, brauchst du dich bloß wie eine erwachsene Frau zu benehmen; könnte sein, dass dein Mann dir äußerst dankbar ist für die Entlastung, die er dadurch erfährt.« (Ist passiert! Und hält seit 25 Jahren!)

An anderen Stellen allerdings bin ich bis zum heutigen Tag nicht völlig »trocken«, was das »Hätte-ich-doch«-Spiel angeht. Neue Situationen, in denen ich Fremdheit zu überwinden habe, oder solche, die konfliktreich sind, reizen mich nach wie vor, dieses Spiel neu aufzulegen.

Und als durch eine berufliche Veränderung meines Mannes bedingt ein Umzug von Bonn nach Hamburg angesagt war, da hätten Sie mich erleben sollen! Traurig über die Tatsache, dass alle Freunde weit weg waren, reichlich desorientiert in einer Stadt mit 1,7 Millionen Einwohnern, konfrontiert mit unseren Kindern, die die neue Schule so »ätzend« fanden, dass sie Internatspläne schmiedeten ... All das mündete immer wieder in den einen Satz: »Hätte ich doch niemals diesem Umzug zugestimmt!«

Das alte Miesmacher-Lied! Hatte ich tatsächlich geglaubt, ich würde es nicht mehr singen? (Schließlich durchschaute ich doch längst seinen trügerischen Nutzen.) Verschätzt! Ich konnte es durchaus noch und jetzt kam es sozusagen aus vollem Hals!

Eins hatte sich allerdings geändert. Nach drei Strophen hatte ich genug. (Vor Jahren noch schaffte ich mühelos 20-30.)

Dieses Mal merkte ich ziemlich schnell, was diese »Jammer-Arie« bewirkte: Bonn nahm dabei Züge eines Schlaraffenlandes an, während Hamburg keine müde Schnitte gewinnen konnte.

Was hatte mein Freund gesagt? »Gestalte deine Situation! Beacker den Boden deiner Tatsachen, statt deine Energie mit ständigem ›Hätte-ich-doch‹-Gejammer zu vergeuden!«

Also dann! Ich studierte Stadt- und Fahrpläne, um mich zurechtzufinden. Ich schloss mich Stadtführungen an, die sonst wohl eher Touristen unternehmen, und ich lud unsere Nachbarn ein. Dabei stellte sich heraus, dass einige von ihnen, genau wie ich, schon lange nach einem Literaturkreis suchten (»eigentlich«). Kurz und gut: Wir gründeten einen solchen. Es ergaben sich prima Kontakte, und ganz nebenbei bekam Hamburg ein freundliches Gesicht. Der Anschluss an eine Kirchengemeinde unterstrich das.

Schluss mit »Hätte ich doch«! Alles in allem: Der Ausstieg aus dem »Hätte-ich-doch«-Spiel ist (immer wieder) möglich. Automatisch allerdings vollzieht er sich nicht.

Ich muss ihn wollen, so banal das auch klingen mag, und dann tun, was dazu nötig ist. Nämlich:

– Ich akzeptiere, dass Entscheidungen aus vergangener Zeit nicht zu ändern sind. »Leben ist wie Zeichnen ohne Radiergummi« – wohl wahr! Aber es macht einen gravierenden Unterschied, ob ich sage: »Ich habe alles falsch gemacht!«, oder: »Ich habe so entschieden, wie ich es damals für das Beste hielt.« Ersteres ist eine Form von Selbstbeschimpfung, die lähmt. Letzteres räumt ein, dass bei heutigem Erkenntnisstand Korrekturen durchaus denkbar sind.

– Ich akzeptiere, dass zu diesem Leben Schmerz und Unannehmlichkeiten gehören. Himmlische Zustände sind erst für die Zeit nach diesem Erdenleben vorgesehen. Erst wenn wir hautnah bei Gott leben, werden Tränen, Leid und Angst kein Thema mehr sein. Wer hier und jetzt schon lückenloses Glück erwartet, der kann nur enttäuscht werden. Auch das Leben mit dem »richtigen

Mann« und dem »richtigen Beruf« am »richtigen Ort« ist kein Spaziergang auf ständig sonnigen Höhen. Immer bleibt etwas, das zu wünschen übrig lässt.

– Ich akzeptiere, dass Leben Entscheidungen nötig macht und dass jede Entscheidung für etwas den Verzicht auf etwas anderes einschließt.

– Ich mache mir auf der anderen Seite aber auch bewusst, dass keine Entscheidung nur Verlust nach sich zieht. Der größte Mist hat zugleich das Zeug zum Dünger, und alles im Leben ist Stoff, aus dem wir Sinn schlagen können, wenn wir das wirklich wollen.

Eine Situation mag unbefriedigend sein und die Weichenstellung dazu mag weit zurückliegen. Dass wir ihr deshalb hilflos ausgeliefert sind, das stimmt einfach nicht.

Drei echte Handlungsmöglichkeiten bleiben uns in jeder Situation:

1) Wir können die Situation so weit verändern, dass wir mit ihr zurechtkommen.
2) Wir können uns selbst verändern, sprich: lernen, die Situation zu akzeptieren, wie sie ist, und das Beste daraus zu machen.
3) Wir können, wenn beides trotz allen Bemühens nicht möglich ist, die Situation verlassen.

»Change it, love it or leave it«, sagen die Amerikaner kurz und präzise.

Zum bloßen Jammern, das eine schwierige Situation am Ende zu einer unerträglichen macht, ist jedenfalls keiner von uns verpflichtet.

Die Diktatur verpasster Chancen ist eine Schein-Diktatur. Und nur der wird an ihr leiden müssen, der an sie glaubt.

3 »*Eigentlich* wäre ich gern locker und spontan, aber uns Müllers sitzt der Perfektionismus nun mal in den Knochen!«

Was ist dran an den Prägungen, die nicht zu ändern sind?

Niemand hatte auch nur die leiseste Befürchtung, Carsten Müller könne sein Examen nicht schaffen. Alle wussten schließlich, was Carsten auf dem Kasten hatte. Seine bisherigen Arbeiten waren geradezu perfekt ausgefallen – für seine Kommilitonen begehrte Objekte zum Abschreiben. Trotz alledem: Carsten war durchgefallen.

Blitzschnell hatte er erfasst, dass er höchstens die Hälfte der Prüfungsfragen beantworten konnte. Und da ergriff ihn Panik. Eine durchschnittliche Drei schien ihm unerträglich. Wenn nicht alles, dann lieber nichts! So ließ Carsten Müller auch die Fragen unbeantwortet, deren Lösung er wusste, und gab einen leeren Zettel ab.

Durchgefallen! Wegen mangelnden Wissens? Nein! Wegen seines hartnäckigen Perfektionismus!

Und was sagt Carsten?

»Dafür kann ich einfach nichts! So wird man eben, wenn man in einer Familie aufwächst, wo einem von klein auf eingetrichtert wird: ›Uns Müllers darf selbst Gutes niemals gut genug sein!‹«

Was ist dran an den »Prägungen, die nicht zu ändern sind«?

»Eine ganze Menge«, glaubt Sabine. »Eigentlich möchte ich gerne allen alles gönnen, aber diese bohrende Eifersucht klebt wie Pech an mir. Es reicht schon, wenn mein

Mann die Kochkünste seiner Mutter in den Himmel lobt, wenn er später als vereinbart nach Hause kommt, wenn er sich ganz offensichtlich lieber mit den Kindern als mit mir beschäftigt, wenn Freunde mir ohne Skrupel ins Wort fallen, während sie meinem Mann aufmerksam zuhören.

Es war schon in der Schule so! Ich hätte jedes Mal platzen können, wenn meine faule Tischnachbarin eine bessere Note bekam als ich.

Schrecklich, diese Empfindlichkeit«, sagt Sabine, »aber ich denke, sie ist das Erbe aus meiner Stellung in der Geschwisterreihe. Ich war das ›Sandwich-Kind‹, eingeklemmt zwischen dem großen Bruder, der sowieso alles besser konnte, und dem kleinen süßen Nesthäkchen, das bei jedermann Entzücken hervorrief. Darauf hat mich kürzlich meine Therapeutin hingewiesen. Und ich glaube, da liegt die Wurzel meines Übels.«

Was ist dran an den »Prägungen, die nicht zu ändern sind«?

»Ganz klar«, sagt Johannes, »diese Prägungen formen deinen Charakter. Ich hatte die absoluten Supereltern. Jedenfalls fanden meine Freunde das. Die nannten mich ›Hannes aus dem Schlaraffenland‹. Und es stimmte: Ich kriegte, was ich wollte. Ich musste selten mal mit anpacken. Ich wurde jeden Tag zur Schule gefahren und meine Mutter phantasierte bereitwillig alle möglichen Entschuldigungen, wenn ich ›unpässlich‹ war und nicht zur Schule wollte. Das kleinste Kopfweh reichte und ich war Mittelpunkt größter Besorgnis. Sobald ich Angst vor etwas hatte, erledigte es meine Mutter für mich. Heute bin ich 32. Und niemand versteht, dass ich trotz meines Diploms als Betriebswirt nicht den Mut habe, auch als Betriebswirt zu arbeiten. Meine Angst zu versagen ist einfach stärker als der Wunsch, mein Können unter Beweis zu stellen. Und diesen Zustand, ich weiß es genau, verdanke ich meinen ›Supereltern‹, die mich so bodenlos verwöhnt haben.«

Was ist dran an den »Prägungen, die nicht zu ändern sind«?

»Alles«, glaubt Frank. »Ich bin wohl das, was man gemeinhin einen Eigenbrötler nennt. Und so was wird wohl kaum geboren. Das wird gemacht! Dafür haben meine Eltern das Drehbuch geschrieben. Bei denen wusste ich nie, woher der Wind weht. Mal lobte mich meine Mutter, wenn ich einen Schulkameraden verprügelt hatte, mal verdrosch sie mich dafür. Vor anderen Leuten nannte sie mich ein ›kluges Köpfchen‹ und zählte voller Stolz meine Schulleistungen auf. Zu Hause sagten sie, es sei viel wichtiger, ›was in den Armen‹ zu haben. Mal sagte mein Vater: ›Für dich tu ich alles, mein Sohn‹, mal widmete er sich wochenlang dem Alkohol, und ich war ihm entsetzlich egal. Dann schien ich ihn plötzlich zu stören, ganz gleich, was ich tat. Ich wusste einfach nie, wann ich womit rechnen musste, wie ich wann zu sein hatte, was den Eltern recht und was ihnen zuwider war. Ist es da ein Wunder, dass ich heute am liebsten ganz für mich allein bin?«

Das »Meine-Eltern-sind-schuld«-Spiel Haben Sie es gemerkt? In allen Zitaten gibt es einen roten Faden: Jemand weiß haargenau um seine Defizite, müht sich um eine Erklärung und findet sie außerhalb seiner eigenen Person.

Sinnlos ist dieser Vorgang keineswegs. Solange wir unvollkommenen Menschen in den Spiegel schauen, gibt es eine schmerzhafte Konfrontation. Wir haben ja durchaus eine Vorstellung davon, wie wir gerne sein möchten, stellen aber fest, dass die Realität zu wünschen übrig lässt.

Wir sind selten so, wie wir gern sein möchten. Und diese Tatsache schmerzt. Was liegt also näher, als sie zumindest dadurch erträglicher zu machen, dass wir die Verantwortung für unsere Defizite auf andere schieben?

»Mag ja sein, dass ich perfektionistisch bin«, räumt Carsten Müller ein, »aber das ist genetisches Pech!«

Aus der Justiz wissen wir, es zieht nicht, wenn jemand stereotyp versichert: »Ich war's nicht.« Vor Gericht braucht man ein Alibi. Und wenn man keins hat, dann hilft es dem Beschuldigten auf alle Fälle, wenn er nachweisen kann, wer statt seiner der wahre Übeltäter ist.

Genau auf dieser Grundlage basiert das »Meine-Eltern-sind-schuld«-Spiel. »Glaub mir, ich bin ein guter Mensch in einer schlechten Welt!« – Das ist die Botschaft, die wir uns und anderen gern glaubhaft machen wollen.

Roy Baumeister, ein Vertreter der »Selbst-Psychologie«, charakterisiert unser Dilemma folgendermaßen:

»Im Grunde sind wir auch als Erwachsene nichts anderes als ein Haufen Schulkinder, die auf dem Pausenhof herumrennen, hoffen, von den anderen nicht gehänselt oder von den Spielen ausgeschlossen zu werden oder sich in Bewährungssituationen zu blamieren.« (aus: *Psychologie heute* 8/1993)

Und weil wir so abhängig sind vom Urteil und Wohlwollen anderer, weil wir vor uns selbst bestehen wollen und unserem Selbst-Ideal entsprechen möchten, deshalb schützen wir dieses Wunschbild durch abenteuerliche Manöver. Die Verweigerung, sich selbst als Subjekt zu akzeptieren (das frei über sein Leben entscheidet und folglich auch dafür verantwortlich ist), und der gleichzeitige Versuch, sich als Objekt darzustellen (das nicht verantwortlich ist, weil seine Fehler und Leiden durch andere verursacht wurden), gehören dazu. Im »Meine-Eltern-sind-schuld«-Spiel kommt beides zum Tragen.

Es bietet sich förmlich an, wenn unsere sorgsam gehütete Maske verrutscht und unsere Defizite uns und anderen ins Auge stechen. Dann sprechen wir uns lieber die Willensfreiheit ab, als verantwortlich zu zeichnen für das, was und wie wir sind.

Das »Meine-Eltern-sind-schuld«-Spiel gehört seit mehr als 20 Jahren zu den beliebtesten Gesellschaftsspielen. Aus der zweifellos wichtigen Erkenntnis, dass Erziehung und Umwelt einen großen Einfluss auf die Entwicklung eines Menschen nehmen, wurde die fragwürdige Vereinfachung: Alle Macken eines erwachsenen Menschen gehen auf das Konto von Eltern, die versagt haben. Ein bisschen merkwürdig, oder? Bei allem, was uns gut gelingt, betonen wir gern unseren eigenen Anteil. Sobald etwas schief geht, suchen wir die Gründe außerhalb von uns selbst.

»Der Sieg hat hundert Väter, aber die Niederlage ist ein Waisenkind.« – Wer immer dieses Wort geprägt hat, es spiegelt unsere Wirklichkeit: Gelungenes geht auf unser Konto, mit Niederlagen haben wir nichts zu tun. Mit großer Konsequenz tun wir, was uns nützt und was uns vor allem eines sichert: in den Augen anderer gut dazustehen.

Vorteile Kurz und gut: Das »Meine-Eltern-sind-schuld«-Spiel birgt eine Menge Vorteile.

Mit Überzeugung gespielt, sichert uns dieses Spiel eine ganze Portion Nachsicht und oft auch ein erhebliches Bedauern. Für Fehler, die wir selbst verschuldet haben, müssen wir geradestehen. Bei Fremdverschulden wird man uns verzeihen.

Wir sind entschuldigt, wenn wir eine Glasscheibe zerdeppert haben und zugleich beweisen können, dass ein anderer uns hineingeschubst hat. Die Folge: Mildernde Umstände sind das mindeste, was man uns zubilligen wird.

Auch als Solitär-Spiel (also ohne Zuschauer oder Mitspieler) ist das »Meine-Eltern-sind-schuld«-Spiel sinnvoll. Es geht uns einfach besser, wenn wir glauben, im Grunde seien wir eigentlich ganz anders (edler, besser, gelassener, großzügiger, geselliger), als wir es tatsächlich sind. Und am liebsten würden wir alles dafür geben, um endlich anders sein zu können. Aber man lässt uns ja nicht! Schließlich haben andere unseren edlen Charakter von Anfang an im Keim erstickt.

Von Vorteil ist sicherlich auch, dass »Meine-Eltern-sind-schuld«-Spieler so gut wie nie um Mitspieler verlegen sein müssen. Zu diesem Thema weiß jeder etwas. Und hat einer mal den Anfang gemacht, kann man damit mühelos ganze Kaffeenachmittage füllen, ohne dass auch nur die Spur von Langeweile aufkommt.

Und noch eins: Wer einem anderen die Schuld am eigenen Dilemma nachweisen kann, wird als Opfer jederzeit einen Anspruch auf Schadensersatz anmelden können.

Alles in allem: Sinnlos ist dieses Spiel durchaus nicht. Und es wäre eine empfehlenswerte Methode zur Charakterverteidigung, gäbe es dabei nicht zugleich erhebliche Nebenwirkungen zu beklagen.

Risiken und Nebenwirkungen Wer die Last der Verantwortung los wird, der verliert gleichzeitig auch seine Freiheit.

Wer sich als Marionette versteht, hat auch nur deren Bewegungsspielraum.

Wer glaubt, dass andere schuld sind an seinem Dilemma und dass sein persönliches Drehbuch keine Korrektur mehr zulässt, dem entgeht die Tatsache, dass wir alle in Wirklichkeit bis ins hohe Alter veränderungsfähig sind.

Wer Groll und Hass kultiviert über all dem, was andere ihm angetan haben, verbraucht dabei Energie. Und da gilt: Verbraucht ist verbraucht und steht nicht mehr zur Verfügung, um dieses schöne, schwere Leben positiv zu gestalten.

Wer davon überzeugt ist, dass ihm in diesem Leben nichts anderes übrig bleibt, als auszulöffeln, was andere ihm eingebrockt haben, dem bleibt am Ende in der Tat nichts anderes übrig. (Aber nicht, weil seine Überzeugung stimmt, sondern weil Überzeugungen Tatsachen schaffen.)

Die Wirklichkeit Das mag ja alles stimmen, werden Sie einwenden. Aber spielt es denn für unser Leben überhaupt keine Rolle, was wir als Kinder erlebt haben? Sind wir denn ausschließlich selbst die Schöpfer unserer Persönlichkeit?

Sicher nicht! Zweifellos spielen Anlagen eine Rolle. Welchen quantitativen Anteil sie letztlich in unserer Persönlichkeit haben, darüber streiten die Gelehrten.

Niemand bezweifelt allerdings, dass die körperliche Konstitution eines Menschen, seine Grundbegabung und Intelligenz, sein Geschlecht und sein Temperament prägende Wirkungen haben.

Ein weiterer Faktor sind die Umweltbedingungen: das Familiengefüge zum Beispiel, der Platz in der Geschwisterreihe, die Lernchancen, die Anzahl und Qualität außerfamiliärer Kontakte, einschneidende Erlebnisse wie Tod, Trennung und Neuverheiratung der Eltern, jede Form von Missbrauch.

Und nicht zuletzt spielt die Art und Weise, wie die Umwelt auf die Anlagen eines Menschen reagiert, eine Rolle.

All das prägt eine Persönlichkeit. Anlagen und Umweltbedingungen liefern den Stoff, aus dem ein Charakter entsteht. *Aber*, da gibt es, Gott sei Dank, noch einen dritten Faktor: *die Reaktion des Betreffenden*; die Art und Weise, wie jemand seine Ausgangsbedingungen bewertet, die Konsequenz, die einer zieht aus Anlagen und Umweltbedingungen, das, was einer macht aus dem Grundmaterial, das ihm zur Verfügung steht.

Haben Sie mal bei den Paralympics zugeschaut, wo behinderte Menschen ihr Können zeigen? Phantastisch! Lauter Leute, die den lebenden Beweis dafür liefern, dass selbst schwerste Defizite nicht zwangsläufig zu Mutlosigkeit führen.

Entscheidend ist eben, wie jemand »spielt« mit dem Material, das ihm zur Verfügung steht.

Zwei Söhne aus einer Alkoholikerfamilie, beide mittlerweile erwachsen – der eine meistert sein Leben, der andere kriegt weder privat noch beruflich ein Bein auf den

Boden –, werden unabhängig voneinander gefragt: »Was glauben Sie, wodurch Sie das geworden sind, was Sie heute sind?«

Und beide antworten: »Ist doch kein Wunder – bei den Eltern!«

Paradox, oder? Zwei Leute mit sehr ähnlichen Ausgangsbedingungen, deren Leben sich völlig unterschiedlich entwickelt hat! Und warum? Weil sie aus ähnlichen Ausgangsbedingungen unterschiedliche Konsequenzen gezogen haben. Und dass so etwas möglich ist, hatten die zwei selbst kaum für denkbar gehalten. In der Regel starten wir dieses Leben mit unterschiedlichen Karten. Das stimmt.

Aber das andere stimmt auch: Man kann trotz schlechter Karten gewinnen und trotz guter Karten verlieren. Entscheidend ist und bleibt, wie wir mit dem Material, das uns zur Verfügung steht, spielen.

Und genau davon wollen »Meine-Eltern-sind-schuld«-Spieler nichts wissen. Entscheidend sind die Ausgangsbedingungen, sagen sie. Und sie verteidigen ihr »genetisches Pech« und elterliche Erziehungsfehler, als gälte es, ihr Leben zu retten.

Verstehen Sie mich recht: Es geht mir absolut nicht darum, Erziehungsfehler zu verniedlichen. Aus zehn Jahren Beratungsarbeit und auch aus meiner eignen Geschichte weiß ich sehr wohl: Die heile Familie ist ein Konstrukt für Tütensuppen-Werbespots. Die Wirklichkeit sieht anders aus. Manchmal werfen Eltern ihren Kindern tatsächlich Knüppel zwischen die Beine. Und es gibt keine Eltern, die das nicht tun. Denn auf der ganzen Welt gibt es nur eine einzige Sorte von Menschen, nämlich unvollkommene.

(Leider verflüchtigt sich dieser Zustand auch nicht mit der ersten Schwangerschaft.) Nicht alles, was Eltern gut meinen, ist tatsächlich gut. Und selbst das »Gut-Meinen« vermögen sie nicht pausenlos zu exerzieren.

Ich halte überhaupt nichts davon, diesen Tatbestand im Rückblick positiv umzudeuten. (»Ehre Vater und Mutter« heißt nicht: »Nenn einfach gut, was sie schlecht gemacht haben.«)

Ich halte auch nichts davon, die Knüppel, die Eltern ihren Kindern zwischen die Beine geworfen haben, im Nachhinein zur Bagatelle zu erklären.

Aber »Meine-Eltern-sind-schuld«-Spieler hüten die Knüppel wie einen Schatz, weigern sich, diese Knüppel loszulassen, und benutzen sie selbst dann noch als Entschuldigung für alle Ungereimtheiten, wenn sie selbst längst Eltern oder Großeltern sind.

Und die Alternative? Erwachsenenbildung! Eine zweite Erziehung, die man selber in die Hand nimmt, das endgültige Kappen der Nabelschnur, die Übernahme der Verantwortung für das eigene Leben.

Schluss mit »Meine Eltern sind schuld«!

• *Erlauben Sie sich, all das zu beklagen, was Sie als trauriges Erbe aus Ihrer Kindheit empfinden!*

Das mag einer ganz für sich allein erledigen, im lauten oder leisen Selbstgespräch, schriftlich oder nur gedacht, im Gespräch mit einem anderen Menschen oder mit Gott, der in seinem Wort so oft betont, dass »Mühselige und Beladene« bei ihm an der richtigen Adresse sind.

Was soll denn daran neu sein, mögen Sie fragen. »Meine-Eltern-sind-schuld«-Spieler haben doch nie etwas anderes getan!

Nicht ganz! »Meine-Eltern-sind-schuld«-Spieler erheben Anklage, um Verantwortung abzuschieben, während es jetzt darum geht, Kopf und Herz frei zu bekommen, um Verantwortung zu übernehmen.

Räumen Sie gründlich aus! Nennen Sie alles beim Namen, was Sie verletzt hat! Und wenn Sie dabei Zorn und Hass empfinden, dann sagen Sie, wie es ist. Reden Sie nichts schön.

Ist Ihnen unbehaglich bei dem Gedanken an eine solche ungeschönte Bilanz? Haben Sie den Eindruck, Sie widersprechen damit dem vierten Gebot, das uns auffordert, Vater und Mutter zu ehren? Erscheint Ihnen solch eine »Abrechnung« geradezu wie eine Missachtung der Aufforderung: »Vergebt einander!«?

Keine Angst! Vergebung ist genau das, worum es hier geht. Aussöhnung mit der eigenen Geschichte ist Ziel dieser gründlichen Aufräumaktion.

Aber auf dem Weg zu diesem Ziel gibt es keine Abkürzung. Wer glaubt, er könne die erste Etappe, das Trauern, Klagen und Schimpfen, überspringen und stattdessen sofort zur Vergebung übergehen, der mag das tun. Der Preis dafür ist hoch. Vorschnelle Vergebung greift nicht. Sie ist ein Lippenbekenntnis. Im Innern bleibt alles beim Alten.

Der Groll, den wir nicht aussprechen, weil wir glauben, wir dürften ihn nicht hegen, verflüchtigt sich nicht. Er eskaliert! Der Groll, den wir beim Namen nennen, verliert im wahrsten Sinne des Wortes die Beherrschung über uns! Vergebung heißt nicht: zu ignorieren, was andere mir schuldig blieben. Vergebung heißt: in aller Deutlichkeit Schuld als Schuld benennen und dann beschließen: Ich will diese Schuld nicht länger nachtragen.

Ob für die Aussöhnung zwischen erwachsenen Kindern und Eltern die direkte Konfrontation mit den Eltern erforderlich ist? Ich glaube das nicht! Alt gewordene Eltern sind damit oftmals überfordert. Dann ist außer einem »Wir haben es doch nur gut gemeint« kaum eine Reaktion zu erwarten!

Und ob die weiterhilft, ist sehr zu bezweifeln.

• *Hören Sie auf zu rationalisieren!*

Was heißt das?

Solange ein Schüler die verpatzte Arbeit einzig dem »blöden Lehrer« zuschreibt, rationalisiert er. Er passt sein Versagen seinen Verhältnissen an. Er sucht gute Gründe für eine schlechte Leistung.

Das ist verständlich, bietet aber zugleich wenig Chancen, die Leistung beim nächsten Mal zu verbessern. Diese Chancen wachsen stattdessen, wo er sich die »versiebte« Arbeit noch einmal vornimmt, seine Defizite aufdeckt und genau diese bearbeitet.

Wer sich Veränderung seiner Persönlichkeit wünscht und eigentlich gern anders sein würde, als er ist, hat wenig Chancen, solange er festhält an der Überzeugung, sein Charakter sei von anderen ein für alle Mal unwiderruflich verbogen worden.

Ist er aber bereit, dafür in Zukunft selber die Verantwortung zu übernehmen, wachsen seine Chancen um 100 Prozent.

• *Streichen Sie den Konjunktiv!*
Die Möglichkeitsform ist der ärgste Feind möglicher Veränderung. Viele Leute schwelgen geradezu in »könnte«, »sollte«, »müsste«. Kombiniert mit »eigentlich« ist das Ergebnis niederschmetternd: Die Veränderung bleibt aus!

Wer zum Beispiel weniger perfekt sein möchte, der schafft das nicht, indem er möglichst oft betont: »Ich sollte eigentlich weniger perfekt sein!«

Wer weniger eigenbrötlerisch werden will, der schafft das nicht, indem er möglichst oft betont: »Ich sollte mich eigentlich öfter unters Volk mischen.« Unklare Ziele kann man nicht ansteuern!

Wer es ernst meint mit dem Wunsch nach Veränderung, kommt um ein klares »Ich will« und eine deutliche Zielformulierung nicht herum.

• *Verabschieden Sie sich vom »Alles-auf-einmal«-Prinzip!*
In Augenblicken großer Selbstkritik scheint es uns manchmal so, als decke sich unser wahres Selbst so ganz und gar nicht mit unserem Idealbild. Und dann erwacht die Neigung zum »Kahlschlag«: »Ich bin zu ..., zu ..., zu ...; im Grunde muss sich alles ändern!«

Fazit: Wer alles auf einmal ändern will, dem geht alsbald die Puste aus, und am Ende bleibt alles wie gehabt.

Hier gilt: Weniger ist mehr! Fangen Sie da an, wo Veränderung Ihnen am nötigsten erscheint.

• *Überdenken Sie die Vor- und Nachteile Ihres bisherigen Verhaltens!*
»Da gibt's nicht viel zu überdenken«, sagt Frau Berg. »Mein bisheriges Verhalten hat überhaupt keine Vorteile.

Meine grenzenlose Gutherzigkeit hat mir ausschließlich Mühe, Arbeit und Herzrhythmusstörungen eingebracht. Sobald mein Einsatz gefragt ist, stimme ich zu.

Ein Kuchen zum Schulfest? – Ja, sicher!

Die Nachbarskinder hüten? – Na, klar!

Freunden beim Umzug helfen? – Natürlich!

Kaffee kochen beim Gemeindefest? – Selbstverständlich!

Ich kann einfach nicht Nein sagen! Und jetzt bin ich fix und fertig und merke, wie ich mehr und mehr einen großen Bogen mache um alle Leute, die etwas von mir wollen könnten. Vorteile hat meine ewige Ja-Sagerei beim besten Willen nicht!«

»Aber Ihre Umgebung hat davon ganz sicher profitiert, oder nicht?«, frage ich Frau Berg.

»Natürlich! Die sind froh, dass sie mich haben! Unser Nachbar sagt immer: Frau Berg, irgendwann werde ich Sie für das Bundesverdienstkreuz vorschlagen! Und in der Gemeinde höre ich oft, dass sie gar nicht wüssten, wie sie ohne mich zurechtkämen. Das tut mir natürlich gut, zweifellos. Wenn Sie so wollen, ist das quasi mein Lohn.«

Genau das meine ich! Im Grunde gibt es überhaupt kein Verhaltensmuster, das uns ausschließlich plagt. Nur liegen die Vorteile oftmals nicht klar auf der Hand. Und sie erschließen sich erst, wenn ich überlege, wie meine Umgebung auf mein Verhalten reagiert.

Trägheit zum Beispiel: Wer sagt denn, dass Trägheit nur Nachteile bringt? Wer nichts tut, macht schließlich weniger Fehler und wird entsprechend selten zur Rechenschaft gezogen. Und das ist zweifellos ein Vorteil! Perfektionismus zum Beispiel: Wer will behaupten, dass diese Lebenseinstellung nichts anderes einbringt als ein selbst gezimmertes Gefängnis? Immerhin zieht man den Hut vor einem perfekten Menschen. Ist das etwa nichts? Oder Unversöhnlichkeit: Wer sagt denn, dass die nur Magengeschwüre beschert? Immerhin geht man meist behutsam mit einem Menschen um, der als nachtragend bekannt ist. Und genau darin liegt der Vorteil für den Unversöhnlichen.

Oder extreme Ängstlichkeit: Sie mag das Leben mitunter sehr eng machen, aber sie ruft auch Helfer auf den Plan, Leute, die für den Ängstlichen erledigen, was er selbst sich nicht zu tun getraut.

Solange wir nicht begreifen, dass unser bisheriges Verhalten durchaus auch ein paar handfeste Vorteile hat, so lange werden wir wie ein Ochs vor dem Berge dastehen und nicht begreifen, weshalb wir uns so schwer tun, von diesem Verhalten Abstand zu nehmen.

Alfred Adler, der Begründer der Individualpsychologie, spricht in diesem Zusammenhang von »unbewussten Zielen« statt von Vorteilen. Beide Begriffe meinen das Gleiche. Was auch immer wir tun, nie bringt es uns nur Nachteile. Immer dient es auch einem Ziel, das uns durchaus erstrebenswert erscheint.

- *Freunden Sie sich mit dem Gedanken an, dass der Abschied von Ihrem bisherigen Verhalten zugleich der Abschied von den Vorteilen dieses Verhaltens nötig macht!*

Zwei Männer sitzen in einem Zugabteil. Bei jeder Bahnstation schaut der eine aus dem Fenster und stöhnt. Schließlich fragt ihn der andere: »Ist Ihnen nicht gut?«

»Oh, doch«, sagt der, »aber ich müsste eigentlich längst ausgestiegen sein. Seit einer Stunde fahre ich schon in die falsche Richtung! Aber hier drinnen ist es so wunderbar warm!«

Darum geht's! Durchaus denkbar, dass der richtige Zug schlechter beheizt ist oder so voll, dass es darin keinen freien Sitzplatz gibt, dass es dort zieht oder schmutzig ist, und der Nachbar Schweißfüße hat.

Es stimmt! Niemand kann garantieren, dass der richtige Zug (außer dass er eben der Richtige ist) ähnliche Annehmlichkeiten zu bieten hat wie der falsche. Veränderung ist und bleibt ein Wagnis. Und ohne den Abschied von den Vorteilen des Gewohnten kommt sie nicht in Gang.

Frau Berg, die Gutherzige, hatte das übrigens schnell begriffen. »Ich will lernen Nein zu sagen, wenn mich ein Anliegen überfordert«, so formulierte sie ihr neues Erziehungsziel. »Es wird mich um manchen Ehrentitel bringen, aber diesen Preis bin ich bereit zu zahlen.«

• *Alles klar für den ersten Schritt in die neue Richtung!*

Für Frau Berg sah dieser Schritt so aus: Wenn jemand sie um etwas bat, dann verzögerte sie fortan die Antwort. Sie sagte: »Ich denke darüber nach und gebe dir Bescheid.«

Ein großer Fortschritt! Auf diese Weise gewann sie Zeit, um in aller Ruhe abzuwägen, was sie schaffen konnte und was nicht.

Der erste Schritt in die neue Richtung mag für den Perfektionisten darin bestehen, eine Arbeit abzuliefern, ohne sie vorher zigmal überprüft zu haben. Und der, der seine

Eigenbrötelei leid ist, kann sich vornehmen, Frühstückspausen in die Cafeteria zu verlegen, statt sie wie bisher allein an seinem Schreibtisch zu verbringen.

Der erste Schritt in die neue Richtung kann noch so winzig sein. Seine Bedeutung ist riesig! Er unterbricht das Treten auf der Stelle. Und jede gute Erfahrung, die daraus folgt, liefert Treibstoff für den nächsten Schritt.

- *Erwarten Sie keine Begeisterungsstürme bei Ihren Mitmenschen!*

»Du bist so anders geworden. Früher warst du so herrlich spontan und jederzeit zu jeder Hilfe aufgelegt! Was ist bloß los mit dir?« Solche und ähnliche Anfragen musste Frau Berg sich oft genug gefallen lassen. Und vom Bundesverdienstkreuz sprach längst keiner mehr. Das traf Frau Berg an manchen Tagen so sehr, dass sie für kurze Zeit wieder nach dem alten Muster lebte.

Es stimmt! Wer sich verändert, der verunsichert andere. Und das wird höchst selten begeistert honoriert. Da braucht es in der Tat ein dickes Fell, um trotzdem festzuhalten an dem neuen Ziel.

Mit einer persönlichen Erfahrung möchte ich dieses Kapitel beschließen. Als Kind hatte ich einen beziehungsreichen Spitznamen: Osram-Glühbirne. Sobald mich jemand ansprach, lief ich rot an. Ich war so schüchtern, dass mich jede Begegnung mit Menschen anstrengte. Irgendwie fehlte es mir an der Sicherheit, in dieser Welt ganz selbstverständlich einen Platz zu haben. Solange ich meine Umgebung zufrieden stellen konnte, fühlte ich mich o.k. Aber wehe da gab es einen Missklang! Dann fühlte ich mich miserabel.

Später »beglückte« mich ein weiterer Spitzname: Hefeteilchen. Erstens war ich die Tochter eines Bäckers, zweitens teilte ich mit dem Hefeteilchen entscheidende Eigenschaften: Ich war ebenso rund wie nachgiebig. Ich erinnere mich, wie ein Schulfreund jedes Mal lautstark Besorgnis bekundete und mich mit den Worten: »Schnell, schnell, sonst bleibst du stecken«, gestenreich vorwärts schob, wenn ich mich gerade irgendwo in einem Engpass zwischen Hauswand und Laternenpfahl befand.

Sehr locker habe ich das Ganze damals nicht genommen. Im Gegenteil: Ich vermied jede Gelegenheit, unangenehm aufzufallen, versteckte meinen Körper immer hinter einer Menge Stoff und wagte mich nur dann aus meinem Schneckenhaus, wenn ich mich ausdrücklich willkommen fühlte.

Und heute? Heute sind das immer noch Facetten meiner Persönlichkeit. Es ist mir immer noch wohler zumute, wenn Leute mit mir zufrieden sind. Und ab und zu wähle ich meine Kleider auch heute noch danach aus, was wohl am besten meine Minuspunkte vertuscht.

Aber eins hat sich geändert: Diese Dinge haben ihren beherrschenden Stellenwert verloren! Automatisch? Nein! Aber jemand machte mir eine Liebeserklärung und sagte zu mir: »In meinen Augen bist du wert geachtet! Mir gefällst du! Hab keine Angst! Für mich ist da kein Zusammenhang zwischen dem, was du leistest oder schuldig bleibst, und dem, was du wert bist! Davon bist du erlöst!«

Traumhaft, so eine Liebeserklärung, oder? Kein Wunder, dass so was Minderwertigkeitskomplexe schrumpfen lässt, mögen Sie sagen.

Aber das stimmt so nicht! Ohne meine Entscheidung, diese Liebeserklärung (die Gott übrigens nicht exklusiv an mich, sondern an alle Menschen richtet) ernst zu nehmen, wäre sie zur bloßen Sentimentalität verkommen.

Kurz und gut: Ich habe diese Liebeserklärung angenommen und sie als Startkapital für eine zweite Erziehung genutzt. Ich fing an, meine »Ich-genüge-nicht«-Jammersätze konsequent anzuzweifeln, indem ich ihnen Gottes gute Meinung über mich entgegenhielt. Und ich wagte mich aus meinem Schneckenhaus heraus, statt wie bisher peinlich zu vermeiden, was Aufsehen erregen könnte. Ich fing an, mit der Angst zu tun, wovor ich Angst hatte. Und siehe da: Mit jedem Versuch wurde die Angst ein bisschen kleiner. Die Begeisterung über diese Erfahrung hat mir immer mehr Mut gemacht, anderen zu sagen: Entwicklung ist möglich!

Eine zweite Erziehung ist keine Utopie. Gibt es sie gratis? Nein!

Wer sein bisheriges Verhalten aufgibt, muss auch bereit sein, auf die Vorteile desselben zu verzichten. Ich als ehemalige »Schneckenhausbewohnerin« zum Beispiel kenne die Vorteile von »Schneckenhausbewohnern«. Sie bestehen in einem Minimum an blauen Flecken (wer sich nicht rauswagt, eckt auch nicht an) und einem Maximum an Streicheleinheiten (»so ein liebes Wesen«, »so eine bescheidene Frau«, »so eine angenehme Person«).

Wer sich rauswagt aus seinem Schneckenhaus, sich mit all seinen Ecken und Kanten zumutet und nicht nur seine Sonnenseiten präsentiert, riskiert im gleichen Augenblick ein Mehr an blauen Flecken und ein Weniger an Streicheleinheiten.

Das alles ist gewöhnungsbedürftig! Aber längst nicht so unerträglich, wie ich vermutet hatte. Zurück in mein Schneckenhaus will ich jedenfalls nicht.

Also dann! Wenn Sie wieder mal der Eindruck plagt, hilfloses Opfer Ihrer eigenen Geschichte zu sein, dann sagen Sie sich: Okay! Das ist maximal die halbe Wahrheit. Die andere gehört dazu: Mein Drehbuch hat noch jede Menge freier Seiten, und wie die gefüllt werden, entscheide ich in Zukunft selbst.

4 »*Eigentlich* liegt mir viel an einer harmonischen Beziehung, aber mein Partner verdirbt einfach alles!«

Was ist dran am »alleinigen Spielverderber«?

»Wenn mein Mann nicht so ein notorischer Schweiger wäre, dann brauchte ich mit Sicherheit keinen Therapeuten«, eröffnete Ulrike Schmitt unser erstes Gespräch. »Tagsüber ist er in der Firma. Und wenn er nach Hause kommt, läuft es bei uns allabendlich nach Schema F. Ich sage: ›Erzähl mal, wie war's denn heute?‹ Er sagt: ›Wie soll's gewesen sein?‹ Ich frage: ›Und sonst – war gar nichts?‹ Er sagt: ›Nein, sonst würde ich es ja sagen!‹ Dann wird gegessen. Da rede nur ich. Kaum fertig mit dem Essen, schnappt mein Mann sich die Zeitung; und wenn die nichts mehr hergibt, ist die Glotze dran. So läuft bei uns jeder Abend ab. Und jetzt sagen Sie mir mal, wie eine Frau dabei nicht depressiv werden soll!«

Was ist dran an dem »alleinigen Spielverderber«?

»Eigentlich bin ich gar kein begeisterter Kneipengänger«, sagt Herr Faber. »Aber meine Frau, die treibt mich förmlich aus dem Haus. Sie kriegt es einfach nicht geregelt, unsere Wohnung so zu gestalten, dass man sich darin wohl fühlen kann. Überall liegen Klamotten herum, Spielzeug von vier Kindern, Schmutzwäsche, Bügelkram, alte Zeitungen. Und nach acht Stunden im Büro ertrage ich das einfach nicht mehr. Also suche ich das Weite.«

Was ist dran an dem »alleinigen Spielverderber«?

»Ich bin vollkommen fertig mit den Nerven«, sagt Frau Schmerl, Mutter von vier Kindern. »Es war unsere gemeinsame Entscheidung, viele Kinder zu bekommen. Aber die Einzige, die sich um die Kinder kümmert, bin ich. Mein Mann hält sich völlig raus. ›Du kannst das doch viel besser als ich‹, ist seine stereotype Antwort, wenn ich mich beschwere. Dabei bin ich bald am Ende meiner Kräfte. Und schuld daran ist einzig und allein mein Mann!«

Was ist dran an dem »alleinigen Spielverderber«?

»Seit unsere Kinder in der Pubertät sind, ist aus denen nichts mehr herauszubekommen!«, klagt eine Mutter. »Im Grunde wissen wir Eltern schon lange nicht mehr, was die Kinder bewegt, wie sie in der Schule zurechtkommen, mit wem sie befreundet sind und welche Zukunftspläne sie schmieden. Früher gab es bei uns kaum Geheimnisse. Heute gibt es kaum noch ein offenes Wort. Aber das liegt nicht an uns Eltern, das liegt einzig und allein an den Kindern.«

Was ist dran an den »alleinigen Spielverderbern«?

»Haben Sie jemals vollkommen alleine einen Neubau planen müssen?«, fragt mich Herr Mint. »Das war einfach zu viel für mich. Es wundert mich überhaupt nicht, dass ich jetzt mit einem Hörsturz im Krankenhaus liege! Meine Frau hat sich um nichts gekümmert. Sicher, zu Beginn der Bauphase war das anders. Da hat sie dauernd versucht mitzumischen. Nur waren ihre Vorschläge meist derartig unbrauchbar, dass sie mehr Verdruss als Hilfe bedeuteten.«

Was ist dran an dem »alleinigen Spielverderber«?

»Was mich an dir am allermeisten stört, ist die Art und Weise, wie du mir in Gegenwart anderer über den Mund fährst!«, sagt Frau Völke zu ihrem Mann. »Du verdirbst mir damit den ganzen Abend. Und langsam habe ich keine Lust mehr, gemeinsam mit dir auf eine Feier zu gehen.«

Herr Völkes Antwort kommt prompt: »Ich kann es aber doch nicht einfach durchgehen lassen, wenn du etwas sagst, was völliger Unsinn ist. Ich glaube, wenn du mehr lesen würdest und bereit wärst, dich weiterzubilden, wär das ganze Problem vom Tisch!«

Das »An-mir-liegt's-bestimmt-nicht«-Spiel Tobias war gerade 18. Da stand in großen Buchstaben an seiner Pinwand: »Für die Welt bist du irgendjemand, aber für irgendjemanden bist du die ganze Welt!«

Tobias war über beide Ohren verliebt in Sophie. Drei Jahre dauerte die große Liebe. Die beiden waren sich genug. Nein, sie waren sich alles. Jede freie Minute verbrachten sie gemeinsam. Alles teilten sie und stimmten sich aufeinander ab. Alte Freunde wurden überflüssig, eigene Interessen bereitwillig hintangestellt.

Und dann war plötzlich Schluss zwischen den beiden.

»Auseinandergelebt«, sagt Tobias – was auch immer darunter zu verstehen ist.

Fachleute in Sachen Partnerschaft sind sich darin einig, dass viele Beziehungen an Überforderung zugrunde gehen. Jeder erwartet, im anderen den einzigen Ort absoluter Glückseligkeit zu finden. Und jeder will für den anderen der einzige Ort absoluter Glückseligkeit sein. Wir aufgeklärten Leute des 20. Jahrhunderts, wir lassen uns mit unserer Sehnsucht nach »unzerstückeltem Glück« nicht mehr gern auf den Himmel vertrösten. Jetzt und hier soll dieses Glück gelingen. Eine Ehe soll es garantieren, Eltern, Kinder oder Freunde sollen dafür bürgen.

Dass eine menschliche Beziehung mit diesem Anspruch überfordert ist, das blenden wir aus. Dass auch die beste zwischenmenschliche Beziehung ein Gemisch aus Höhen und Tiefen, Sonntag und Alltag, Sehnsucht und Nähe und dem Wunsch nach Abgrenzung ist, das mag als theoretische Erkenntnis in unserem Kopf sitzen. Ganz praktisch geht es uns gewaltig gegen den Strich.

In einem Eheseminar bringt es eine junge Frau auf den Punkt: »Ehe ist ungefähr so, wie im Januar ein Flugzeug nach Florida zu besteigen. Du freust dich auf Sonne und Meer. Und bei der Ankunft stellst du fest, du bist in den Schweizer Alpen gelandet, um dich herum nichts als Kälte und Schnee.«

Der Frust in Sachen Beziehung ist heute größer denn je. Dass er oftmals schlicht und einfach die Folge überzogener Glückserwartungen ist, das allerdings will vielen Betroffenen nicht einleuchten. Stattdessen machen sie sich auf die Suche nach einem »Sündenbock«.

Eine Pleite zu erleben, deren Ursache wir anderen in die Schuhe schieben können, ist allemal erträglicher als eine Pleite, für die wir zumindest mitverantwortlich zeichnen.

Und genau hier kommt das »An-mir-liegt's-bestimmt-nicht«-Spiel zur Anwendung:

»Wenn du nur anders wärst ...!« »Wenn mein Partner nur anders wäre!« Das ist eine der häufigsten Klagen, die in der Eheberatung geäußert wird. Mit anderen Worten: Wenn es nach mir ginge, wäre alles in Ordnung. Spielverderber ist einzig mein Mann/meine Frau, sind die Eltern/die Kinder etc.

Vorteile Vorausgesetzt, Sie verziehen sich nicht in einen menschenleeren Schmollwinkel, sichert Ihnen dieses Spiel eine Menge Mitgefühl. Und das bewirkt immerhin einen gewissen Lastenausgleich.

Sie müssen sich allerdings etwas Mühe geben, ihren Spielverderber frei, offen und ohne Skrupel zu schildern, und sie sollten seine Gräueltaten auf gar keinen Fall im nächsten Atemzug zu entschuldigen suchen. Aber das ist dann auch bereits alles, was an Anstrengung auf Sie zukommt. Der Rest läuft wie von selbst.

Man wird Ihnen zustimmen, dass mit einem notorischen Schweiger beim besten Willen kein Auskommen ist, dass man ermessen könne, wie nervtötend eine Ehefrau sein muss, die stets an den unpassenden Stellen unqualifizierte Kommentare abgibt, und dass mit pubertierenden Kindern wirklich schlecht zurechtzukommen ist.

Und im gleichen Maße, wie glaubhafte »An-mir-liegt's-bestimmt-nicht«-Spieler in Fahrt kommen, um ihre gemeinen Partner zu schildern, erscheinen sie selber in zunehmend schmeichelhaftem Licht. Man wird ihnen versichern, dass ein derartig gemeiner Mann eine so reizende Frau im Grunde gar nicht verdient hat. Und am Ende wird man ihnen hoch anrechnen, nicht schon längst die Koffer gepackt zu haben.

Spielen Sie das »An-mir-liegt's-bestimmt-nicht«-Spiel für sich allein, ist es trotzdem nicht ganz für die Katz. Es tut einfach gut, sich immer mal wieder ins Gedächtnis zu rufen: Ich selbst bin ja bestens zu ertragen! Die Hölle, wie Sartre so treffend bemerkte, das sind die anderen!

Von Vorteil ist außerdem, dass dieses Spiel ein absolutes »Sitz-Spiel« ist. Solange man es mit Überzeugung spielt, muss man dabei keinen Finger rühren. Man kann ja auch gar nicht! Man hat es ja schließlich oft genug versucht und den Spielverderber unter Aufgebot aller verfügbaren Energien zu einer Änderung seines Verhaltens animiert: »Mensch sag doch mal was!« – Nichts! »Erzähl doch mal, wie es in der Schule war!« – Nichts! »Lies doch ab und zu ein Buch!« – Nichts!

Es nützte alles nichts. Von der anderen Seite kam einfach keine Reaktion. Und solange sich daran nichts ändert, können »An-mir-liegt's-bestimmt-nicht«-Spieler eben nichts machen.

Gelingt es übrigens, ein Gegenüber von seiner alleinigen Schuld zu überzeugen, ist von dessen Seite zwar nicht unbedingt eine Änderung seines Verhaltens zu erwarten, aber mitunter klappt es, dem Spielverderber ein schlechtes Gewissen zu machen. Und das sorgt dann eventuell dafür, dass der Spielverderber die Macken seines Anklägers mit Nachsicht behandelt.

Risiken und Nebenwirkungen Gäbe es für hartnäckige »An-mir-liegt's-bestimmt-nicht«-Spieler bloß nicht derartig gravierende Nebenwirkungen in Kauf zu nehmen – man sollte dieses Spiel kostenlos an alle Haushalte verteilen.

Aber unumgänglich ist, dass »An-mir-liegt's-bestimmt-nicht«-Spieler den Status quo erhalten. Sie ändern überhaupt nichts an ihrem Dilemma.

Jammertiraden spornen keinen an. »Sag doch mal was!« lässt den Schweiger noch lange nichts sagen. »Lies doch mal ein Buch!« motiviert noch lange nicht dazu, sich weiterzubilden. »Kümmere dich doch auch mal drum!« ermutigt noch lange nicht zur Eigeninitiative. Im besten

Fall bleibt alles, wie es ist. Wahrscheinlicher ist allerdings, dass der, der am Pranger steht, irgendwann die Nase voll hat von so viel Meckerei und sich verzieht. Bei diesem Spiel, wie raffiniert man es auch anstellen mag, gibt es am Ende ausschließlich Verlierer.

Den größten Nachteil sehe ich darin, dass »An-mir-liegt's-bestimmt-nicht«-Spieler selber produzieren, was sie so vehement beklagen.

Einstellungen schaffen Tatsachen. Und wer ständig vermittelt bekommt: »Du sagst ja nie was! Du tust überhaupt nichts!«, der wird am Ende diesen Erwartungen entsprechen. Wir alle haben die Tendenz, das zu sein, was andere von uns denken und erwarten.

Schluss mit »An mir liegt's bestimmt nicht« Ganz im Ernst und ohne jede Ironie: Natürlich gibt es berechtigte Wünsche an den Partner, die Partnerin, an Kinder, Eltern, Freunde, Chefs und Angestellte, sie mögen dieses oder jenes ändern. Ohne Zweifel. Nur wird sich einzig und allein dort etwas ändern, wo der Kläger begreift: Hier gibt es entweder eine »bilaterale Lösung« oder es gibt gar keine!

Ändern wird sich nur dort etwas, wo eine(r) begreift, dass das, was der Partner tut oder lässt, immer mit dem zusammenhängt, was sie oder er selber tut oder lässt.

Zu einem notorischen Schweiger zum Beispiel gehört erstaunlich oft eine Vielrednerin oder eine, die jede Äußerung ihrer Mitmenschen allzu leicht moralisch bewertet. Und genau damit trägt sie dazu bei, dass er in ihrer Gegenwart die Lust am Reden verliert.

Und alle noch so gut gemeinten Appelle an den Schweiger werden erst dann Erfolg haben, wenn die

Vielrednerin ein Stück schweigsamer wird und vorschnelle Bewertungen unterlässt.

Mein Mann und ich haben an diesem Punkt einschlägige Erfahrungen gemacht. Es gab eine Zeit, da redete Lutz sehr wenig, und weil das an und für sich nicht seine Art ist, fiel es besonders auf. Ich wusste, dass es Konflikte in seiner Arbeit gab. Aber reden wollte er darüber nicht. Und schon rieselte es Appelle meinerseits: »Sag doch endlich mal, was los ist! Ich spüre doch, dass dich etwas bedrückt.« Es tat sich nichts.

Irgendwann kamen wir dem Geheimnis dieser Schweigsamkeit auf die Spur. Lutz machte seinem Ärger darüber Luft, dass ich, wann immer er mir Probleme mit anderen schilderte, sofort Partei für die anderen ergriff und jederzeit mit schnellen Beschwichtigungen zur Hand war. Das war für mich ein echtes Aha-Erlebnis. Wenn ich wollte, dass Lutz mehr erzählte, dann müsste ich dazu einen Beitrag leisten und vorschnelle Bewertungen unterlassen.

Wer schweigt, hat Gründe.

Auch Eltern, die die Schweigsamkeit ihrer Kinder beklagen, sind gut beraten, ehrlich zu überlegen: Interessiert es uns denn tatsächlich, was unsere Kinder erleben? Sind ihre Gedanken uns etwas wert? Haben wir einen »langen Atem«, wenn sie nach der Schule ungefiltert ihren Gefühlen Luft machen? Oder sind wir geneigt, sie schnell zu beschwichtigen, und tragen damit ungewollt dazu bei, dass die Kinder immer weniger von sich erzählen?

Und Herr Mint, den seine Frau so ganz allein lässt bei den Planungen für den Neubau? Auch der kommt um einen eigenen Beitrag nicht herum, wenn er sich von Seiten seiner Frau mehr Anteilnahme wünscht. Er wird lernen müssen, ihre Vorschläge nicht vorschnell als unbrauchbar abzutun.

Alles in allem: Der Wunsch des einen an den anderen, dieses oder jenes zu ändern, mag berechtigt sein. Erfüllt wird er nur da, wo beide ihren Teil dazu beitragen.

Ob die gewünschte Veränderung in Gang kommt, wird immer davon abhängen, ob der »Ankläger« sich selbst als Teil des Problems und damit zugleich auch als Teil der Lösung begreift.

Verrückt, aber wahr: Immer wieder neigen wir dazu, unser eigenes Verhalten als Reaktion auf andere zu sehen. (»Ich bin nur deshalb grantig, weil du nicht mit mir sprichst.«)

Wenn wir grob zu jemandem sind, der uns geärgert hat, dann halten wir unsere Reaktion nicht etwa für einen Teil unseres Wesens. Wir glauben, dass wir nur in diesem speziellen Fall grob seien. Bei anderen dagegen setzen wir ihr Verhalten absolut. Wenn andere unverschämt zu uns sind, dann folgern wir daraus, dass es sich um unverschämte Menschen handle. In Wirklichkeit ist das Verhalten eines Menschen nie etwas Losgelöstes. Immer ist es auch Reaktion auf unsere Vorgabe.

»Ich lehne es ab, einen einzelnen Menschen nur zu denken«, sagte der Individualpsychologe Alfred Adler.

Wie sehr das zutrifft, ist allein schon daran festzustellen, dass wir uns in Gegenwart unterschiedlicher Leute oftmals vollkommen unterschiedlich verhalten. Gut möglich, dass ich in den Augen von X als verschlossener Mensch gelte. (Ich sage in seiner Gegenwart nicht viel, weil es am nächsten Tag alle Kollegen wüssten.) Aber Y, die findet, dass ich ein ausgesprochen offenes Wesen habe. (Ja sicher, dieser Frau erzähl ich ja auch alles; erstens tratscht sie nicht und zweitens belehrt sie mich nicht.)

Und wer hat nun Recht mit seiner Beurteilung – X oder Y? Beide! Wir alle haben viele Seiten! Und welche Seite sichtbar wird, das hängt nicht nur von uns, das hängt auch davon ab, welche Seite unser Gegenüber herauslockt.

»Wir können nicht mehr miteinander sprechen«, sagte Herr K. zu einem Mann. »Warum?«, fragte der erschrocken. »Ich bringe in Ihrer Gegenwart nichts Vernünftiges hervor«, beklagte sich Herr K. »Aber das macht mir doch nichts«, tröstete ihn der andere. »Das glaube ich«, sagte Herr K. verbittert, »aber mir macht es etwas.« (aus: Bertolt Brecht, *Geschichten von Herrn Keuner*)

An dem, was einer sagt, »stricken« zwei. An dem, was einer tut oder lässt ebenso. Von daher ist zu verstehen, dass wir den Menschen, mit dem wir zusammenleben, niemals ändern werden, es sei denn, wir leisten einen Beitrag dazu.

Höchst treffend, was zu diesem Thema im Neuen Testament zu lesen ist. Da sagt Jesus sinngemäß: Ihr regt euch auf über die Fehler anderer, aber eure eigenen Fehler entdeckt ihr nur schwer. Ihr habt großes Talent, einen kleinen Splitter im Auge eines anderen zu sichten, aber an eurem eigenen Balken schaut ihr vorbei. Dabei ist manch ein Splitter im Auge des anderen geradewegs ein Teil von eurem Balken. Und ihr selber liefert oft genug den Stoff für das Verhalten des anderen, über das ihr euch anschließend bitter beklagt! (Vergleiche Matthäus-Evangelium, Kapitel 7.)

Und jetzt ganz praktisch: Angenommen, Sie wünschen

sich sehnlichst, dass Ihr Partner sich stärker um Ihre Kinder kümmert, dann sagen Sie es! Aber knallen Sie ihm Ihr Anliegen nicht zwischen Tür und Angel vor die Füße, sondern in einer ruhigen Situation. Formulieren Sie Ihr Anliegen als Wunsch.

Wer zu lange wartet, ist dazu nicht mehr fähig. Wenn das Fass bereits kurz vor dem Überlaufen ist, neigen wir zu »Nie-kümmerst-du-dich«-Kahlschlägen. Und die provozieren nichts als Gegenangriffe und Verteidigungsreden. Besser: »Ich wünsche mir sehr, dass du mehr Zeit und Energie für unsere Kinder aufbringen könntest. Lass uns überlegen, wie das möglich werden könnte und ob zu deiner Veränderung auch ein Beitrag meinerseits nötig ist.«

Sie erinnern sich an Frau Schmerl? Als sie ihrem Mann ihr Anliegen vortrug, saß ich mit ihnen zusammen. Und in dem anschließenden Gespräch traten erstaunliche Zusammenhänge zutage.

Herr Schmerl sagte zum Beispiel: »Ich fühle mich ja selber nicht sehr wohl als Zuschauer in der eigenen Familie. Wenn ich allerdings mitmische, dann hast du daran häufig etwas auszusetzen. Ich ziehe den Kindern die falschen Sachen an. (Letztens hast du gesagt, so liefe man nicht mal im Fasching herum.) Ich tobe zu viel mit ihnen herum. (Lernspiele am Tisch hältst du für sinnvoller.) Ich tröste die Kinder auf eine Art, von der du allen Ernstes glaubst, so zöge man sich Neurotiker heran. Im Grunde kann ich es dir nicht recht machen. Tu ich nichts, ist es schlecht; tu ich etwas, ist es falsch. Nicht immer, aber immerhin so häufig, dass ich beschlossen habe: Die Kinder sind deine Angelegenheit.«

Merken Sie es? Auch hier wird es entweder eine »bilaterale Lösung« geben oder gar keine.

Wer sowieso nichts richtig macht, dem vergeht die Lust, sich um etwas zu kümmern. Frau Schmerl wird akzeptieren müssen, dass die Methoden ihres Mannes zwar anders, aber deshalb noch lange nicht schlechter sein müssen als ihre eigenen.

Alles in allem: Den alleinigen Spielverderber gibt es nicht!

Die Vorstellung, wir selber könnten eigentlich fortfahren wie gehabt, einzig unser Partner sei korrekturbedürftig, diese Vorstellung ist ein Hirngespinst. Und selbst, wenn Sie es bis heute geglaubt haben, könnten Sie es zumindest ab morgen als Geschwätz von gestern abtun.

5 »*Eigentlich* möchten wir gar nicht mehr bei den Schwiegereltern wohnen, aber ein Auszug würde den beiden glatt das Herz brechen!«

Was ist dran an der »zwingenden Rücksicht auf andere«?

»In unserer Situation spielt Rücksicht die entscheidende Rolle«, sagt Franz Werner. »Meine Schwiegereltern haben für uns das ganze Dachgeschoss ausbauen lassen. Wenn die erführen, dass wir viel lieber woanders wohnten, dann wären sie todunglücklich!«

»Zieht doch einfach zu uns ins Haus«, hatten die Schwiegereltern von Anfang an geäußert. »Dann könnt ihr eurem Beruf nachgehen und wir versorgen eure Kinder.«

Dieses Angebot war den jungen Werners durchaus angenehm erschienen. In den letzten Jahren allerdings häuften sich die Situationen, in denen es zwischen Jung und Alt Ärger gab.

Unterschiedliche Auffassungen über Kindererziehung, die Sauberkeit im Hausflur, die Lautstärke von Musik und die Bepflanzung des Vorgartens prallten immer heftiger aufeinander. Und wenn es den jungen Leuten anfangs als willkommene Hilfe erschienen war, dass Schwiegermutter ab und zu hinter den Schränken der Kinder sauber gemacht hatte, empfanden sie solche Aktionen zunehmend als Kontrolle und Einmischung. Trotzdem: Ein Auszug sei undenkbar, meint Herr Werner. Die Schwiegereltern würden das niemals verstehen und darauf müsse man wohl Rücksicht nehmen.

Was ist dran an der »zwingenden Rücksicht auf andere«?

»An ihr liegt alles«, sagen Herr und Frau Stein. Die zwei haben sich auseinander gelebt. Längst haben sie aufgehört, in eine Verbesserung ihrer Ehe zu investieren. Jeder geht seinen eigenen Weg. Zusammenhalten tun sie nur noch um der äußeren Form willen. »Bis die Kinder aus dem Haus sind, kommt eine Scheidung überhaupt nicht in Frage«, sagt Herr Stein. Man wisse schließlich, wie sehr Scheidungswaisen zu leiden hätten, und genau das wollten sie ihren Kindern ersparen.

Rücksicht ist auch für Martina Weber das Schlüsselwort. Vor einem Jahr hat sie Abitur gemacht. Danach wäre sie liebend gern in eine andere Stadt gezogen. Aber genau das hat sie nicht getan. Martina weiß, dass sie ihrer Eltern ganzer Lebensinhalt ist. Die Mutter sagt es ja auch oft genug: »Ohne dich wäre dieses Leben trostlos und leer, Martina.« Und deshalb bleibt Martina zu Hause – aus lauter Rücksicht.

Rücksicht spielt auch für Frau Orth die alles bestimmende Rolle. Einladungen allerart, ob zum Kaffeetrinken bei der Nachbarin, zu einem Vortrag oder einem Spaziergang, beantwortet Frau Orth grundsätzlich nicht spontan. »Ich muss das erst mit meinem Mann besprechen«, sagt sie kategorisch. Und im Endeffekt läuft diese Besprechung dann meist auf eine Absage hinaus – aus Rücksicht auf den Ehemann, der nun mal kein Verständnis zeigt für derlei unnützen Zeitvertreib.

Ziemlich fatal, die Sache mit der Rücksicht.

»In unserer Kirchengemeinde läuft schon lange nichts mehr«, klagt Frau Schemm. »Unser Pfarrer hat den Kopf so voll mit familiären Problemen, dass ihm für Gemeindeangelegenheiten kaum noch Energie bleibt. Schlimm! Aber jetzt eröffnen Sie diesem armen Mann, der soeben eine Scheidung hinter sich hat, mal, dass auch die Gemeinde mit ihm unzufrieden ist. Das geht einfach nicht. So bitter die Sache auch ist, die Rücksicht gebietet uns, die Situation zu ertragen.«

Das »Dir-zuliebe«-Spiel Wo immer wir in Gemeinschaft mit anderen leben, ist folgender Konflikt vorprogrammiert: Für uns persönlich meinen wir durchaus zu wissen, welcher Schritt zu einem bestimmten Zeitpunkt richtig und lebensfördernd wäre. Und trotzdem treten wir auf der Stelle, weil wir glauben, das für uns Notwendige würde andere in unzumutbare Krisen stürzen. Und dann entwickelt sich die »Dir-zuliebe«-Strategie:

»So schwer es mir fällt, dir zuliebe bleibe ich bei dir.«

»Dir zuliebe nehme ich unhaltbare Zustände in Kauf.«

»Dir zuliebe mache ich gute Miene zum bösen Spiel.«

»Dir zuliebe verzichte ich auf mein persönliches Glück.«

»Dir (den Kindern, Eltern, Gott) zuliebe gehe ich den unteren Weg.«

Nein, glücklich sind wir dabei nicht. Im Gegenteil: Mitunter leiden wir und hadern gewaltig mit unserem Schicksal. Aber eine Lösung, von der alle Beteiligten profitieren könnten, scheint es eben nicht zu geben. Und da halten wir es dann für das kleinere Übel, lieber selber zu leiden, als andere leiden zu lassen.

Vorteile Um eins ganz klarzustellen: Ich unterstelle niemandem, der aus Rücksicht auf andere seine persönliche Entwicklung vernachlässigt, dass er daraus ganz gezielt Profit schlagen möchte. Dennoch glaube ich, dass »Dir-zuliebe«-Spieler davon profitieren.

Zumindest, solange Außenstehende um ihre missliche Lage wissen, können sie sicher sein, dass ihnen eine Menge Mitgefühl entgegenströmt. In unserer ich-bezogenen Gesellschaft zollt man denen, die zugunsten anderer auf ihr persönliches Glück verzichten, leicht und gerne Respekt.

»Was du da an Verzicht leistest aus lauter Rücksicht auf andere, das würde ich nicht fertig bringen.« Solche lobenden Kommentare sind sicherlich ehrlich gemeint und für den Verzichtenden allemal ein Trostpreis.

Und noch etwas: Wer einen Menschen spüren lässt, ihm zuliebe auf alles Mögliche zu verzichten, lässt keinen Zweifel darüber aufkommen, wer hier das Opfer ist. Und wenn einer berechtigt ist, Schadensersatzansprüche zu stellen, dann ist es das Opfer.

Sie müssten das wirklich mal erleben, wie die Eltern von Martina sich ins Zeug legen, um ihre Tochter tagtäglich durch allerhand Annehmlichkeiten für ihren Verzicht auf Eigenständigkeit zu entschädigen. Hingebungsvoll! Und auch wenn so etwas nicht in jedem anderen Fall so gut funktioniert – je deutlicher ein Verzichtender mit den Zähnen knirscht, umso größer ist seine Chance auf Schadensersatz.

Es mag befremdlich klingen, aber ich denke, »Dir-zuliebe«-Spieler haben darüber hinaus den Vorteil, den Frust ihres Lebens einem anderen in die Schuhe schieben zu können.

Und ganz ehrlich, wer wollte bestreiten, dass wir für diese Art von Entlastung hin und wieder recht dankbar sind!?

Risiken und Nebenwirkungen Schade, dass das »Dir-zuliebe«-Spiel Risiken und Nebenwirkungen birgt, die seine Vorteile völlig zunichte machen.

Der Haken an diesem Spiel: Urplötzlich schlägt die anfängliche Faszination in absoluten Überdruss um. Und dann passiert es: Der Spieler verfällt ins Gegenteil.

»Jetzt ist Schluss«, sagt Frau Fischer. »25 Jahre hab ich aus Rücksicht auf meinen Mann auf alles verzichtet, was mir Spaß macht. Jetzt tu ich nur noch, was ich will!«

Hartnäckige »Dir-zuliebe«-Spieler werden plötzlich zu hartnäckigen »Mir-zuliebe«-Spielern. Alle Welt steht Kopf ob dieses Umschwungs und fragt sich: Was ist das bloß für eine Person, die nach 25 Ehejahren mir nichts, dir nichts die Koffer packt!? Ist die gemein? Ist die herzlos? Sicher nicht! Sie ist lediglich eine Frau, die 25 Jahre lang ein Spiel favorisiert hat, das auf der Illusion beruhte, wahrer Liebe sei ausschließlich am Wohl des anderen gelegen. In Wirklichkeit ist dazu kein Mensch in der Lage.

»Liebe deinen Nächsten wie dich selbst!« Das hat Jesus gesagt. Und es ist so klug, dass bis heute kein Fachmann in Sachen Beziehung daran rüttelt.

Zwei Imperative: Liebe deinen Nächsten! Und liebe dich selbst! Eine Liebe, die ausschließlich die Rücksicht auf den andern favorisiert, ist für den Liebenden auf Dauer zu erschöpfend und auch für den Empfänger dieser Gnaden auf Dauer nicht gut zu ertragen.

In der Tat, Nachteile birgt dieses Spiel auch für die liebevoll Verschonten, selbst wenn sie zunächst wie die Sieger erscheinen. Aber auf Dauer wird das Wissen, dass jemand mir zuliebe auf sein Glück verzichtet, zur Bürde. All die Kinder zum Beispiel, um deretwillen zwei Leute zusammenbleiben, die schon lange nichts Gutes mehr voneinander erwarten! Können Sie sich vorstellen, wie diese Kinder sich fühlen? Den Dauerstreit der Eltern erleiden zu müssen und dann noch zu ahnen, dass ohne sie, die Kinder, dieser Krieg längst beendet wäre!

»Ja, es stimmt«, sagte eine junge Frau. »Zuerst hatten wir Kinder Angst, unsere Eltern könnten sich trennen. Aber nach einiger Zeit hatten wir vielmehr Angst, sie könnten zusammenbleiben! Unsere Eltern unternahmen ja nichts, um einander besser zu verstehen. Trotzdem trennten sie sich nicht – aus Rücksicht auf uns. Und das war die Hölle!«

»Ich will Ihnen etwas beichten«, sagt Herr Klein. »Die Frau, mit der ich verheiratet bin, ist nicht identisch mit der Frau, die ich liebe! Keine Angst! Es ist nie etwas passiert. Der Seitensprung vollzieht sich nur in meinen Träumen, da allerdings heftig! Keine Angst, wie gesagt! Und versuchen Sie nicht, mir eine Eheberatung zu empfehlen! Ich weiß selber, was ich meiner Frau an Rücksicht schulde. Eine Scheidung würde ich ihr niemals zumuten! Da halte ich mich strikt an das sechste Gebot.«

Und? Gebührt diesem Mann Respekt für seine Rücksichtnahme? Glauben Sie, es sei für diese Ehefrau ein Gewinn, von ihrem Mann als notwendiges Übel ertragen zu werden? Glauben Sie, dass diese Art von Rücksicht noch ein Genuss ist für die Ehefrau? Meinen Sie, dass dieser

Mann moralischer handelt als einer, der sich scheiden lässt?

Halten Sie es tatsächlich für denkbar, dass der Schöpfer des Lebens, der die Ehe als gegenseitige Lebenshilfe geschaffen hat, den Hut zieht vor dieser Art von Prinzipiengehorsam? Haben Sie jemals erlebt (bei sich oder anderen), wie so eine »Mit-dir-wär-alles-viel-besser«-Träumerei Kopf und Herz beschlagnahmt und wie jämmerlich der wirkliche Partner im Vergleich zum Traumpartner abschneidet?

In der Seelsorge habe ich es hin und wieder mit Leuten zu tun, die eine solche Situation erleben. Es ist nicht meine Aufgabe, diesen Leuten zu sagen, was sie tun müssen. Aber zumindest erwäge ich mit ihnen mögliche Handlungsstrategien. Und dazu zählt eine Eheberatung ebenso wie eine zeitweilige (!) Trennung. Das mag Sie befremden. Aber es gibt Antworten, die findet man nur durch das Leben. Entweder es stimmt, dass zwei Leute in Zukunft besser ohne einander auskommen, dann ist die zeitweilige Trennung ein wichtiger Schritt zur Lösung. Oder es stimmt nicht. Auch dann sorgt die zeitweilige Trennung für Klärung.

Aber aus angeblicher Rücksicht heraus auf der Stelle zu treten, aneinander festzuhalten und gleichzeitig auf Jahre hinaus an dem Gedanken: »Ohne dich wäre ich jetzt frei für meine Traumfrau!«, das zermürbt beide! Geht es mir darum, Scheidung zu bagatellisieren oder gar gutzuheißen? Nein! Es geht darum, der Tatsache ins Auge zu sehen, dass Beziehungen scheitern können und Menschen es leider nicht immer schaffen (können oder wollen), ihre Beziehung neu zu beleben. Dann ist Schadensbegrenzung angesagt. Und die ist durch stures Verharren in der zermürbenden Situation ganz bestimmt nicht zu erzielen, wie sehr man dieses Verhalten auch als das rücksichtsvollste darstellen mag.

Wir alle kennen den Begriff der falschen Rücksicht. Gemeint ist eine schonende Handlung, die zwar in bester Absicht vollzogen wird, die dem Verschonten aber keineswegs dienlich ist.

Und genau darum geht es auch dann, wenn jemand einen für ihn wichtigen Entwicklungsschritt unterlässt, um auf diese Weise einem anderen Krisen zu ersparen.

In seinem Buch *Die Arbeit am Charakter* stellt der Individualpsychologe und Psychotherapeut Fritz Künkel eine provokante These auf: »Das Leben ist so eingerichtet, dass ein Schritt, der für den einen richtig ist, für seinen Nächsten nicht falsch sein kann.« Mit anderen Worten: Wenn es für die erwachsene Tochter dran ist, sich auf eigene Füße zu stellen, dann kann das für die Eltern nicht falsch sein. Und das ist es auch nicht. Für die Eltern ist schließlich Loslassen angesagt. Und genau dazu bietet die Tochter ihnen Gelegenheit. Dass über solch eine Trennung die Beteiligten vorübergehend in Krisen geraten, beweist keineswegs, dass man besser daran getan hätte, auf ewig zusammenzubleiben.

»Ein Schritt, der für den einen richtig ist, ist auch für seinen Nächsten nicht falsch.« – Wenn jemand merkt, er sollte sich endlich aus einer Beziehung lösen, in der seine Würde mit Füßen getreten wird, dann ist diese Lösung auch für den Partner eine Chance, zur Besinnung zu kommen, also genau das, was jahrelanges Erdulden nicht bewirken konnte.

Alles in allem: Wer aus angeblich zwingender Rücksicht auf andere auf der Stelle tritt, notwendige Entwicklungsschritte unterlässt und meint, unhaltbare Zustände in Kauf nehmen zu müssen, der produziert nicht nur eigenes Leid, der betrügt auch den, den er verschont, um eine mögliche Weiterentwicklung.

Schluss mit dem »Dir-zuliebe«-Spiel Schluss mit dem »Dir-zuliebe«-Spiel heißt nicht: Schluss mit der Rücksicht auf andere!

Liebe, die diesen Namen verdient, beinhaltet immer auch gegenseitige (!) Rücksichtnahme.

Schluss mit dem »Dir-zuliebe«-Spiel heißt nicht: Tu einfach, was dir Spaß macht! Hier geht es nicht um die Proklamation einer Selbstverwirklichung um jeden Preis. Ohne Frage gibt es den Verzicht aus echter Liebe und seine Erkennungsmerkmale sind eindeutig: Kein Groll begleitet ihn, kein Zähneknirschen und kein Verlierergefühl. Dieser Verzicht entspringt nicht der Resignation, keiner »Was-bleibt-mir-anderes-übrig«-Haltung. Er sagt nicht: »Ich muss ja wohl!« Er sagt: »Ich will!«

Schluss mit dem »Dir-zuliebe«-Spiel bedeutet: Abschied nehmen vom falschen Verzicht. Abschied vom Treten auf der Stelle und dem zweifelhaften Entschluss zur Unentschlossenheit. Denn so sehr dieser getarnt sein mag als Akt besonderer Rücksicht, im Grunde offenbart er nichts weiter als unsere Angst vor der Unberechenbarkeit des Lebens.

Und jetzt? Eine nüchterne Bilanz:

Wo verzichten Sie aus Rücksicht auf andere schon lange auf etwas, was Ihnen wichtig erscheint?

Sind Sie fröhlich bei diesem Verzicht? (Wenn Ja, dann sind Sie kein »Dir-zuliebe«-Spieler.)

Oder knirschen Ihre Zähne wegen dieser ungerechten Benachteiligung?

Wollen Sie diesen Verzicht bewusst leisten oder leisten Sie ihn aus Resignation heraus?

Nehmen Sie sich Zeit, diese Fragen zu beantworten, allein oder mit Hilfe eines Menschen, der nicht unmittelbar betroffen ist. Hauptsache, Sie drücken sich nicht vor dieser Bilanz. Und wenn Sie denn merken, dass Sie sich tatsächlich durch falsche Rücksicht von wichtigen Schritten abhalten lassen, dann ändern Sie es!

Warten Sie nicht, bis das »Dir-zuliebe«-Spiel Sie so ausgelaugt hat, dass ein radikaler Befreiungsschlag notwendig wird. Je früher Sie das Spiel stoppen, umso barmherziger für alle Beteiligten.

Familie Werner zum Beispiel wohnt zwar bis heute im Haus der Schwiegereltern, aber es gab erstmalig ein ehrliches Gespräch zwischen Jung und Alt. Die jungen Leute äußerten darin ihren Wunsch nach mehr Distanz. Unter anderem baten sie die Schwiegereltern zu klingeln, bevor sie die Wohnung der Kinder betreten. Werners jun. bedankten sich aufrichtig für alle bisherige Hilfe, sagten aber ebenso deutlich, dass sie das Putzen ihrer Wohnung in Zukunft allein besorgen wollten.

Begeisterungsstürme, das wussten die jungen Leute, würden die neuen Regelungen nicht hervorrufen. Und genau so kam es: Die Schwiegermutter gab den Kindern am Tag darauf demonstrativ den Wohnungsschlüssel zurück. Und ihr Kommentar war so beißend, dass Frau Werner jun. ihre Wünsche nach Distanz am liebsten wieder abgeschwächt hätte. Die folgenden Wochen verliefen in deutlich gespannter Atmosphäre. Es dauerte eine Zeit, bis die Eltern merkten, dass der Freiraum, den ihre Kinder sich wünschten, keine Ablehnung ihrer Person bedeutete. Mittlerweile ist fast ein Jahr vergangen und die Hausgemeinschaft Werner & Werner gestaltet sich entspannter denn je. Übrigens zahlen die jungen Leute inzwischen Miete. Das kratzt zwar an ihrem Portmonee, befreit sie aber auf der anderen Seite von der Pflicht, sich stets und für alles dankbar erweisen zu müssen.

Erinnern Sie sich an das Ehepaar Stein: Die beiden, die seit Jahren nichts Gutes mehr aneinander fanden, die eine Scheidung für unumgänglich hielten und nur aus Rücksicht auf die Kinder damit warteten, bis diese groß waren? Als Steins merkten, dass sie mit ihrer viel beschworenen Rücksicht den Kindern eine zusätzliche Last aufbürdeten, da machten sie »Nägel mit Köpfen«. Sie entschlossen sich zu einer Eheberatung, die bis heute anhält. Beide haben dort einen geschützten Raum, ihre Enttäuschungen zu äußern. Beide sehen zum ersten Mal ihren eigenen Anteil an der Misere und damit zugleich auch die Chance, selber zur Verbesserung ihrer Beziehung beitragen zu können. »Über den Berg« sind sie noch nicht. Aber der Gedanke an Scheidung als einzige Möglichkeit ist weniger denn je in ihren Köpfen.

Von Martina Weber ist zu berichten, dass sie sich für ein Au-pair-Jahr in England entschieden hat. Im ersten Moment waren die Eltern entsetzt. Und diese Tatsache machte Martina schwer zu schaffen. Trotzdem hielt sie an ihrem Plan fest. Und siehe da: Die Eltern haben sich damit arrangiert. »England ist ja nicht aus der Welt«, sagt Martinas Mutter.

Wovon nie zuvor die Rede war – Frau Weber schmiedet Pläne, ihren Beruf als Altenpflegerin wieder aufzunehmen. Und dass das für sie als 50-Jährige durchaus möglich ist, freut und überrascht sie.

Bei Webers riecht's nach Aufbruchstimmung. Und wie es so aussieht, tut es allen Beteiligten gut.

Das, was uns oft so lange zum bloßen Treten auf der Stelle verleitet, mag der Angst entspringen, die jeden Schritt in Neuland begleitet.

Das, was uns zum Stillstand animiert, mag unsere Furcht vor Konflikten widerspiegeln.

Mit echter Liebe hat das Auf-der-Stelle-Treten wenig zu tun. Und wenn wir es noch so vehement als einen Akt zwingender Rücksichtnahme verteidigen. Denn wer vermeidet, was »dran« ist, der schadet eben nicht nur sich selbst, der beraubt auch die um ihre Wachstumschancen, die er »schützt«.

Wenn wir das nicht vergessen, dann wächst der Mut, Neuland zu betreten und Konflikte auszuhalten.

Probieren Sie es doch!

6 »*Eigentlich* halte ich viel von Ehrlichkeit, aber leider zwingt die Höflichkeit uns manchmal auch zum Lügen.«

Was ist dran am »Zwang zur Unehrlichkeit«?

Wilfried hatte eine Kontaktanzeige aufgegeben und eine einzige Interessentin hatte sich daraufhin gemeldet. Leider entsprachen Bild und Brief so gar nicht Wilfrieds Vorstellungen. Also schrieb er zurück: »Es tut mir schrecklich leid, aber bevor Ihr viel versprechender Brief bei mir eintraf, hatte ich mich bereits für eine andere Frau entschieden.«

»Eigentlich bin ich eine grundehrliche Haut«, sagte Wilfried später. »Aber diese Flunkerei war ich der armen Frau einfach schuldig. Ich glaube, dass sie damit bestimmt besser leben kann als mit der Wahrheit.«

Was ist dran am »Zwang zur Unehrlichkeit«?

»Lieber Onkel Ehrenfried! Über deine Einladung zum Geburtstag haben wir uns riesig gefreut. Es tut uns sehr Leid, dass wir ausgerechnet am Tag deiner Feier einen Termin beim Kieferchirurgen haben. Ein Jammer! Wir alle wären sonst gerne gekommen und werden unseren Besuch so bald wir möglich nachholen. Herzlichst! Deine Nichte.«

Gelogen! Der Termin beim Kieferchirurgen? Nein! Aber der »Jammer«. In Wirklichkeit fanden nämlich alle, dass es ein wahres Glück sei, ausgerechnet an Onkel Ehrenfrieds Geburtstag keine Zeit zu haben. Nur könne man das Onkel Ehrenfried ja wirklich nicht unter die Nase reiben, oder?

Was ist dran am »Zwang zur Unehrlichkeit«?

»Lügen gehen mir eigentlich völlig gegen den Strich«, sagt Herr Walther. »Aber was ist die Wahrheit noch wert, wenn sie möglicherweise entmutigt? Also schmiede ich mit meiner Frau lieber Urlaubspläne für den Sommer, statt ihr ehrlich zu sagen, dass sie den laut ärztlicher Aussage kaum noch erleben wird.«

Was ist dran am »Zwang zur Unehrlichkeit«?

»Was glauben Sie«, sagt ein Arzt, »wie viele kerngesunde Menschen es gibt, die darauf bestehen, meine Praxis nicht ohne Rezept zu verlassen? Also mache ich bedenkliche Miene zum guten Gesundheitszustand und spiele ›So-tun-als-ob‹. Ich verabreiche ihnen Placebos, Pillen mit der medizinischen Wirksamkeit von Smarties. Aber immerhin: Mir erhalten diese Pillen den Patienten und den Patienten halten sie bei Laune.«

Was ist dran am »Zwang zur Unehrlichkeit«?

»Max hat mir einen absolut hässlichen Pullover geschenkt«, erzählt Mareike. Und ihr Tonfall lässt ahnen, dass der Pullover längst in irgendeiner unteren Schublade verschwunden ist. »Hast du Max nicht nach Umtauschmöglichkeiten gefragt?«, ist meine erste Reaktion. Aber damit kann ich bei Mareike nicht landen. Eine solche Frage zeuge von Herzlosigkeit und undankbarem Wesen. Und das, sagt Mareike, habe Max ja nun wirklich nicht verdient.

Was ist dran am »Zwang zur Unehrlichkeit«?

Das Placebo-Spiel Wahrheit ist gut! – Ausreden sind Lügen! – Und Lügen sind schlecht!

Dass diese Schwarz-Weiß-Malerei unzureichend ist, das wissen wir längst.

Was wäre denn aus all den Verfolgten im Dritten Reich geworden, die von mutigen Leuten versteckt gehalten wurden? Sie hätten keine Chance gehabt zu überleben, wären ihre Helfer nicht zu beherzter Lüge bereit gewesen.

Wahrheit ist gut? Lügen sind schlecht? Wenn Lügen der Lebensrettung dienen, werden wir das kaum behaupten.

Polizisten, die sich einer Lüge bedienen, um die Wahrheit ans Licht zu bringen, entschuldigen wir ebenfalls.

Journalisten, die mittels Lüge und Täuschung ein korruptes System auffliegen lassen, finden unser volles Verständnis.

»Wie selbstverständlich haben wir im Krieg gestohlen und gelogen, um unsere Kinder satt zu bekommen«, sagt eine Frau. »Wir mussten es einfach tun, ob wir uns dabei wohl fühlten oder nicht.«

Mir leuchtet das ein. Den Moralisten zu spielen käme mir hier nicht in den Sinn.

Wahrheit ist gut? Lügen sind schlecht?

So einfach ist das wirklich nicht. Nur sind Extremsituationen wie die soeben genannten mit unserem normalen Alltag ebenso wenig vergleichbar wie Äpfel und Birnen. Und das Verhalten in einer Ausnahmesituation kann und darf nicht herhalten als Maßstab fürs Alltägliche.

Die meisten Lügen müssen weder uns noch andere vor dem Tod bewahren, und trotzdem wird gelogen, was das Zeug hält.

Womit sind diese Lügen denn dann noch zu rechtfertigen? Was könnte unsere kleinen und großen Lügen entschuldigen? Ganz einfach: das Gebot der Höflichkeit!

Eigentlich halten wir Wahrhaftigkeit ja für eine sinnvolle Tugend. Aber da gibt es tagtäglich eine Menge Situationen, in denen unser Bestreben nach Ehrlichkeit zu kollidieren scheint mit unserem Wunsch nach Höflichkeit. Und dann?

Dann fällt die Entscheidung nicht selten zugunsten der Höflichkeit.

Und schon verwandelt sich eine »unschöne Lüge« auf wundersame Weise in eine »gefällige Lüge«. Unwahrheit wird plötzlich zu einer notwendigen Ausrede, mit deren Hilfe man anderen Kummer ersparen möchte. Und damit ist die Rechtfertigung für Unehrlichkeit bereits so gut wie sichergestellt.

Auf eben dieser Grundlage basiert das Placebo-Spiel (Placebo, lateinisch: Ich werde gefallen). Wegen seiner großen Nähe zu den Spielen »Dir-zuliebe« und »Man-tut-das-nicht« oftmals im Dreier-Pack zu erhalten. Die Spielregel ist denkbar einfach: Wann immer Sie auf ein Spielfeld gelangen, wo Ehrlichkeit und Höflichkeit zu kollidieren scheinen, setzen Sie konsequent auf Höflichkeit. Denn Höflichkeit ist Trumpf!

Bleibt dabei die Ehrlichkeit auf der Strecke, vermeiden Sie dennoch Skrupel! (Die behindern einen reibungslosen Spielablauf und mindern Ihre Gewinnchancen.)

Ohne Übertreibung kann man das Placebo-Spiel zu den beliebtesten Gesellschaftsspielen zählen. Es findet sich in jedem Haushalt und selbst Kinder im Vorschulalter wissen es geschickt zu spielen. Seine Vorteile sind einfach zu offensichtlich, um es in irgendeiner Ecke ungenutzt verstauben zu lassen.

Vorteile Obgleich Placebo-Spieler leider nicht ohne Lügen an ihr Ziel kommen, ist ihre Unehrlichkeit jederzeit nachvollziehbar, verständlich und damit zugleich verzeihlich. Wer anderen Leuten Kummer ersparen möchte, der darf in seinen Mitteln ruhig ab und zu danebengreifen.

Placebo-Spieler schaffen es, trotz mancher Unehrlichkeit auch vor sich selber bestehen zu können. Eine kleine, unkomplizierte Umbenennung hilft ihnen, im Handumdrehen aus Unrecht Tugend zu machen, aus Unehrlichkeit einen Akt der Höflichkeit.

Placebo-Spieler gelten meist als angenehme Zeitgenossen. Sie schmeicheln und hofieren mit oder ohne Anlass und halten unangenehme Wahrheiten von anderen fern.

Placebo-Spieler ernten wegen ihrer freundlichen Art meist ein ebenso freundliches Echo bei ihren Mitmenschen.

Placebo-Spieler sorgen insgesamt für ein angenehmes zwischenmenschliches Klima.

Placebo-Spieler tragen keine Verantwortung für ihre »Flunkereien«. Denn es stimmt tatsächlich: Sie tun nur das, was andere von ihnen erwarten.

Risiken und Nebenwirkungen Ein Blick auf Risiken und Nebenwirkungen macht allerdings stutzig. Sobald sich die schmeichelnde Freundlichkeit eines Placebo-Spielers als hohles Geschwätz entpuppt, ist sein guter Ruf dahin.

Spätestens wenn Onkel Ehrenfried an seinem nächsten Geburtstag erneut eine Absage erhält, wird er irritiert sein. Und wenn ihm dann noch bewusst wird, dass seine Nichte ja das ganze letzte lange Jahr nicht bei ihm vorbeigeschaut hat, dann ist deren Bedauernskundgebung plötzlich das Papier nicht mehr wert, auf dem sie bezeugt wurde.

Wenn die Frau, die sich für Wilfried interessierte, erfährt, dass Wilfried zwei Jahre später immer noch solo ist, dann wird sie schmerzhafter denn je empfinden, dass Wilfrieds Absage höchst konkret auf ihre Person abzielte.

Und wenn der Patient (vielleicht braucht er mittlerweile längst wirksame Medizin) entdeckt, dass er seit Monaten mit Placebos hingehalten wurde, dann wird er sich nachträglich verschaukelt fühlen und im schlimmsten Fall einen Anwalt bemühen.

Ein weiterer Nachteil besteht für Placebo-Spieler darin, dass sie häufig zum Opfer ihrer eigenen Taktik werden. Ihr Lieblingssatz lautet: »Ich kann leider nicht!« Dafür haben sie »Ich will nicht« ob seiner unangenehmen Härte gänzlich verbannt.

Was aber, wenn Onkel Ehrenfried nun das »Ich kann leider nicht« seiner Nichte für bare Münze nimmt und die Feier extra für sie um eine Woche verschiebt? Dann hat die Nichte zweifellos ein Eigentor geschossen. Jetzt wird sie kaum noch kneifen können, denn für eine weitere Absage bedürfte es mindestens einer akuten Gallenkolik.

Sie merken es schon, ich halte Placebo-Spiele für keine gute Lösung. Dass sie zur Gattung »Selbstschützende Taschenspiele« gehören, ist zwar zum einen Hinweis auf ihre praktische Handhabung, zum anderen aber auch

Hinweis darauf, dass man sich mit ihrer Hilfe vor allem in die eigene Tasche lügt.

Mögen manche Spieler glauben, sie spielten einzig und allein zum Wohl ihres Nächsten, in Wirklichkeit sind sie vor allem um ihren Selbstschutz bemüht.

Wer anderen etwas Nettes sagt, der kriegt zumeist auch etwas Nettes zurück.

Und dieses Grundgesetz menschlichen Zusammenlebens ist entgegen aller anders lautenden Beteuerungen der heimliche Motor für Placebo-Spieler.

Schluss mit Placebos! Ohne Frage: Unangenehme Tatsachen so zu verpacken, dass sie den anderen nicht umhauen, ist ein Akt der Barmherzigkeit. Bittere Pillen so mit Zucker zu bestreuen, dass der andere sie schlucken kann, ist ein Freundschaftsdienst. Aber notwendige Wahrheiten durch Smarties zu ersetzen, das ist Betrug. Es zeugt von Feigheit und nicht von Barmherzigkeit. Irgendwann fliegt der Schwindel auf und dann ist der Ärger vorprogrammiert.

Verschwenderische Nettigkeit ohne Bezug zur Wirklichkeit nützt auf Dauer niemandem.

Und kaum etwas verärgert uns so sehr wie einer, der uns mit liebevollen Worten weit entgegenkommt und dann mit seinen Taten auf der Strecke bleibt.

Wie viele Abschiede sind gefüllt mit Placebo-Beteuerungen wie: Ich schreibe dir! Ich ruf dich an! Ich besuch dich ganz bestimmt! Und wie oft bleiben das Worte, denen die Tat niemals folgt. Freundlichkeit ohne Wahrheit verkommt zur Sentimentalität, und die nützt niemandem.

Und jetzt? Folgt jetzt der Appell, jedem zu jeder Zeit vollkommen ungefiltert alles zu sagen, was stimmt? Nein. Brutalität nützt genauso wenig wie Sentimentalität.

Alles zu sagen, was stimmt, das überfordert alle Beteiligten. Aber dass stimmt, was wir sagen, das ist ein Ziel, welches sehr viel häufiger erreichbar ist, als wir annehmen.

In der Bibel gibt es eine Menge kluger Lebensregeln. Und eine davon lautet: »Lasst kein faules Geschwätz aus eurem Mund gehen. Redet, was gut ist und aufbaut. Und redet, was notwendig ist, damit es denen Segen bringe, die es hören.« (Brief an die Epheser, Kapitel 4, Vers 29)

Nützen sollen unsere Worte und Not wendend sollen sie sein. Mit Heuchelei ist dieses Ziel nicht zu erreichen. Heuchelei offenbart unser Desinteresse für den anderen.

Ja sicher, die Wahrheit könnte einen Konflikt provozieren, sie könnte verärgern und sie könnte dem Überbringer zunächst ein paar Minuspunkte einbringen. (Alles hat seinen Preis!)

Aber die Wahrheit, wenn sie konstruktiv vermittelt wird, zeigt dem anderen, dass wir ihn ernst nehmen. Und in vielen Situationen ist für den anderen nichts so hilfreich wie ein ehrliches Wort.

»Bei Ihrem Vortrag fehlte mir die Gliederung.« Diese ehrliche Äußerung ist viel barmherziger als ein faules Lob, das mich dazu verführt, beim nächsten Vortrag den gleichen Fehler zu machen.

»Liebling, der Arzt sagt, es sähe sehr ernst aus.« Diese ehrliche Aussage ist sehr viel hilfreicher als es einem Kranken durch hohles So-tun-als-ob-Geplänkel unmöglich zu machen, seine eigenen Ängste zu äußern.

»Danke für den Pullover. Aber die Farbe macht mich schrecklich blass. Ich würde ihn deshalb gerne umtauschen.« Diese Ehrlichkeit ist sehr viel liebevoller als geheuchelte Begeisterung, die zu nichts anderem führt, als den Pullover bei nächster Gelegenheit in der untersten Schublade zu vergraben.

Und zu guter Letzt: »Offen gestanden (!) gefällt mir deine Hose nicht« ist allemal barmherziger als den armen Kerl den ganzen Tag damit herumlaufen zu lassen.

Alles in allem: Es bleibt nicht viel vom angeblichen »Zwang zur Unehrlichkeit«. Wer sich ihm dennoch beugt, um anderen Kummer zu ersparen, hat einen guten Grund. Aber ein wahrer Grund ist es deshalb noch lange nicht.

7 »Eigentlich möchte ich manchmal ganz anders leben, aber man kann Konventionen ja nicht einfach ignorieren!«

Was ist dran an den »unumgänglichen Konventionen«?

Neulich, im ICE zwischen Hamburg und Hannover, sprach mich Tobias an. Wie ich denn heiße, wollte er wissen, ob ich in die Ferien führe, ob ich Kinder hätte und warum die jetzt nicht bei mir seien. Was auf meinem Butterbrot sei und ob ich mal sehen wolle, wie viele Milchschnitten er in seinem Rucksack habe. Ich sage Ihnen, wir trieben allerbeste Konversation. Wo trifft man schon auf so viel echtes Interesse?

Schade nur um das plötzliche Ende unserer Unterhaltung. »Lass jetzt gefälligst die Frau in Ruhe«, zischte Tobias' Mutter und zerrte den Knirps auf seinen Platz zurück. »So etwas fragt man keine fremden Leute!«

»Oh, lassen Sie ihn ruhig, er macht mir Spaß«, wandte ich ein und dachte, das würde die besorgte Frau beruhigen. Ich hatte mich getäuscht.

Und Tobias sagte fortan keinen Mucks mehr. 1:0 für die Konvention, dachte ich. 1:0 für »Man«, diesen Mistkerl, der festlegt, was sich gehört. Ein trauriger Sieg!

Was ist dran an den »unumgänglichen Konventionen«?

»Hör mal zu«, sagt Irene. »Ich wusste wirklich nicht, dass du mir etwas zu Weihnachten schenken würdest. Dann hätte ich selbstverständlich auch für dich etwas Nettes besorgt. Jetzt kommst du mit dieser noblen Blumenampel und ich steh hier mit leeren Händen. Das ist mir richtig peinlich!«

Was ist dran an den »unumgänglichen Konventionen«?

»Wenn ich bloß nicht diese schrecklichen schwarzen Trauer-Klamotten anziehen müsste«, meint Brigitte. »Wenn Bernd mich so sehen könnte, würde er sagen: ›Für mich musst du dir das ganz bestimmt nicht antun!‹ Das weiß ich genau. Aber wenn man als junge Witwe schon drei Monate nach der Beerdigung normale Kleidung trägt, dann denken die Leute möglicherweise, man hätte den Verlust ja schnell verschmerzt.«

Was ist dran an den »unumgänglichen Konventionen«?

»Weißt du, dass ich seit Jahren in meinen Arbeitskollegen verliebt bin?«, offenbart mir Christine. »Und ich glaube, das beruht auf Gegenseitigkeit. Das Problem ist nur, dass dieser Mensch so schüchtern ist. Und ich als Frau kann schließlich nicht den Anfang machen. Wie sähe denn das aus?«

Das »Man-tut-das-nicht«-Spiel Auf unserem Planeten scheint es einen heimlichen Herrscher zu geben: »Man«! Was der befiehlt, das wird gemacht. Was der verbietet, das wird unterlassen. Und wenn einer sich ihm widersetzt, dann traktiert er ihn mit einer einfachen, aber wirkungsvollen Frage: *Was sollen denn die Leute denken!?*

In unseren ersten Lebensjahren lässt »Man« diesen Satz durch Eltern und andere Miterzieher in unseren lernbereiten Kopf streuen. Heute ist das nicht mehr nötig. Wir haben den Satz längst verinnerlicht. Heute wissen wir es selber:

- Geschenke sollte man erwidern. Mehr noch: Man sollte auch nur dem etwas schenken, der uns beschenkt, sonst bringt man den Armen in eine peinliche Situation.
- Bei Trauer trägt man Schwarz.
- Über Verstorbene spricht man nichts Negatives.
- Aus dem Urlaub schreibt man Ansichtskarten.
- Am Sonntag hängt man keine Wäsche nach draußen.
- Freitags isst man Fisch.
- Einladungen sollte man ohne zwingenden Grund nicht ablehnen.
- Als Frau spricht man keinen Mann an.
- Was man verspricht, das hält man.
- Sonntags arbeitet man nicht.
- Wenn man A sagt, muss man auch B sagen!

Ja, so ist das. Und wer sich an diese Volksweisheiten hält, ist keineswegs ein Dummkopf.

Vorteile Konsequente »Man-tut-das-nicht«-Spieler genießen Vorteile, die kein Querulant jemals für sich verbuchen kann.

Kurz und knapp: »Man« eckt nicht an. Meist gilt der, der den Normen entspricht, als angenehmer Zeitgenosse. Wer sich benimmt wie alle anderen, bestätigt diesen indirekt, dass sie mit ihrem Verhalten ganz richtig liegen. Und solch eine Bestätigung wird in den meisten Fällen mit Sympathie belohnt. Quertreiber dagegen, diese wandelnden Anfragen an den Rest der Welt, sind eher ein Ärgernis als eine Wohltat.

Noch etwas: Während so ein Quertreiber immer auch mit der Missgunst seiner Umgebung rechnen muss (da nimmt sich einer heraus zu tun, was alle anderen sich verkneifen), wird der Konformist in Ruhe gelassen.

Und überhaupt: Ein konsequenter »Man-tut-das-nicht«-Spieler ist einfach leichter zu »handhaben« für seine Mitmenschen. Auf den kann man sich verlassen. Der ist berechenbar. Bei dem sind unliebsame Überraschungen nicht zu befürchten. Und das kann man bei Nonkonformisten ja leider nicht voraussetzen.

»Man-tut-das-nicht«-Spieler genießen den Vorteil, sich selbst auf die eigene Schulter klopfen zu können – ob ihrer großen Rücksicht auf die allgemeine Volksmeinung. Und ob nicht auch das ein Genuss ist, dass »Man-tut-das-nicht«-Spieler sich als Erhalter von Tradition und Sitte des christlichen Abendlandes schätzen dürfen? Wahrscheinlich!

Warum aber reagiert dann ausgerechnet der, auf den sich das christliche Abendland beruft, so ungehalten auf »Man-tut-das-nicht«-Spieler?

In vielen Situationen, die das Neue Testament beschreibt, geht Jesus äußerst unsanft mit ihnen um. Ihm war es ein Gräuel, wenn Leute sich gegenseitig Gesetze auferlegten, wenn sie Normen errichteten und deren Befolgung als unumgänglich deklarierten. Und als er ihnen das sagte, haben sie nicht etwa befreit aufgeatmet, im Gegenteil: Da fingen sie erst recht an, ihre Konventionen zu verteidigen. »Das macht man einfach nicht«, haben sie gesagt, als Jesus ausgerechnet denen Gottes Liebe versicherte, die »Man« gefälligst zu verachten hatte, weil sie Gesetzesbrecher oder Aussätzige waren.

Als er an einem Sabbat seinen Jüngern erlaubte, Ähren

zu pflücken, um ihren Hunger zu stillen, und es wagte, als jüdischer Mann eine Frau aus Samarien anzusprechen, die man allgemein für »Abschaum« hielt, da war das Maß voll.

Sie überlegten fortan, wie sie diesen Quertreiber loswerden könnten.

Und Jesus? Er ließ sich nicht beirren. Er sagte: »Gesetze sind gut. Traditionen haben einen Sinn – aber nur, wenn sie lebensförderlich sind. Gesetze sind für den Menschen da, aber der Mensch ist nicht für die Gesetze da! Gesetze sollen den Menschen dienen, aber die Menschen sollen nicht Gesetzen dienen.« (Vergleiche Markus-Evangelium, Kapitel 2, Verse 23-28.)

Stark, oder? Er sagte nicht einfach: Alle Konventionen über Bord! Er sagte: Konventionen müssen auf ihre Tauglichkeit überprüft werden.

Sind sie Ausdruck der Liebe zu Gott und Menschen, dann haltet an ihnen fest. Sind sie Ausdruck purer Prinzipienreiterei, dann trennt euch von ihnen!

Eingefleischten »Man-tut-das-nicht«-Spielern sträuben sich hier die Nackenhaare. Eine solche Einstellung scheint ihnen der direkte Weg ins Chaos zu sein. So leicht lassen sie sich nicht abbringen von ihrem todernsten Spiel.

Sei's drum! Dann sollten sie zumindest noch den Beipackzettel lesen, der über Risiken und Nebenwirkungen aufklärt.

Risiken und Nebenwirkungen Wer stets die allgemeine Volksmeinung zum Maßstab seines Handelns macht, mag sich damit zwar viel Zustimmung Gleichgesinnter sichern – seine Freiheit verliert er.

Wer immer tut, was »man« tut, mag dafür Sympathie ernten, aber wehe, er stellt in einem lichten Moment fest, dass er geschätzt wird für etwas, was gar nicht seiner ureigenen Überzeugung entspricht. Dann ist die Sympathie plötzlich nicht mehr viel wert.

Und noch etwas: Wir alle bewegen uns ja in einer Vielzahl ganz unterschiedlicher Gruppen. Im beruflichen Umfeld gelten andere Normen als zu Hause. In der Kirche sind es andere als im Sportverein. Und genau das macht das Leben eines »Man-tut-das-nicht«-Spielers extrem anstrengend.

Dieses ständige Schielen: Was gilt da, wo ich mich soeben befinde, als akzeptables Verhalten? Was darf man sich hier leisten und was auf keinen Fall? Hartnäckige »Man-tut-das-nicht«-Spieler müssen sich in ihrem Leben wie auf einem Minenfeld bewegen, permanent in »Hab-Acht-Stellung«.

Als letzte Nebenwirkung ist zu nennen:

»Man-tut-das-nicht«-Spieler tauschen ihre Originalität ein gegen ein 0-8-15-Dasein.

Nicht einmal zwei Menschen auf dieser Welt haben exakt die gleichen Fingerabdrücke. Kein Mensch denkt und fühlt genau so wie ein anderer. Unsere Einmaligkeit ist – mehr als alle Leistungen, die wir erbringen – unser ureigener Beitrag zur Gestaltung dieser Welt.

Wer nur tut, was »man« ihm vorschreibt, der betrügt die anderen um einen wesentlichen Beitrag. Die Lücke, die er damit hinterlässt, kann von niemand anderem geschlossen werden.

Wollen Sie diese Nebenwirkungen tatsächlich freiwillig in Kauf nehmen? Ich kann es mir nicht vorstellen.

Schluss mit »Man tut das nicht«! Was halten Sie davon, das »Man-tut-das-nicht«-Spiel zu beschränken?

Dass wir ein Leben lang völlig ohne dieses Spiel zurechtkommen, scheint mir utopisch. Und im Übrigen gibt's auf dem Markt der Konventionen ja auch Sinnvolles!

Ich jedenfalls bin froh,

- dass man mit vollem Mund nicht spricht,
- dass man feuchte Kaffeelöffel nicht in Zuckertöpfe taucht,
- dass man beim gemeinsamen Essen keine Zeitung liest,
- dass man alten Leuten im Bus einen Sitzplatz anbietet,
- dass man seinen Gesprächspartner ausreden lässt,
- dass man hinter dem Rücken anderer nicht über sie herzieht.

Und manche Konventionen – nötige oder unnötige – gefallen mir einfach, zum Beispiel dass »man(n)« »frau« in den Mantel hilft. (Falls mir das den Vorwurf der Antiquiertheit einbringt, macht mir das absolut nichts.)

Was also könnte uns helfen, sinnvolle Konventionen von unsinnigen zu unterscheiden?

Der alte Kirchenvater Augustinus hat gesagt: »Liebe! Und dann tu, was Du willst!« – Zwei Imperative, die zusammengehören!

Manche Leute hören nur den ersten Teil: »Liebe!« Sie neigen dazu, sich der allgemeinen Volksmeinung um jeden Preis zu beugen. Andere hören nur den zweiten Appell: »Tu, was du willst!« die hegen ein tiefes Misstrauen gegen jegliche Konvention und neigen dazu, sich ihr um jeden Preis entgegenzustellen.

Beide Strategien riechen auf ihre Weise nach Abhängigkeit und Sklaverei. »Liebe! – Und dann tu, was du willst!« – Zwei Imperative, die zusammengehören! Wenn wir beide beachten, haben wir genau das, was uns hilft, taugliche von untauglichen Konventionen zu unterscheiden. Und wir werden nicht mehr Konventionen pflegen als nötig, aber auch nicht weniger.

Drehen Sie es, wie Sie wollen: Die Herrschaft der »allgemeinen Volksmeinung« ist eine Scheindiktatur. Deshalb kann sie auch nur den Menschen knechten, der sich ihr kritiklos unterwirft. Und dazu ist niemand verpflichtet.

8 »*Eigentlich* wünsche ich mir einen Partner, aber leider hat Gott mir den Richtigen noch nicht gezeigt.«

Wie nötig ist das Warten auf »Gottes Fingerzeig«?

Vorab eine Bemerkung: Es mag sein, dass Gott für Sie eher eine »fixe Idee« ist, jemand, von dem Sie keinerlei Impulse für Ihr Leben erwarten. Dann wird Sie die Fragestellung des folgenden Kapitels wohl kaum interessieren. Mit Verlaub: Dann überschlagen Sie es einfach! Ansonsten könnten Sie den Eindruck gewinnen, ich spräche eine afrikanische Stammessprache. Zumindest aber bekämen Sie Antworten auf Fragen, die Sie gar nicht gestellt haben.

Solche Situationen mag ich selber nicht sehr gerne und deshalb diese Vorwarnung. Ansonsten entscheiden natürlich Sie ganz allein, welche Kapitel Sie lesen und welche nicht. Was mich betrifft (Sie haben das schätzungsweise längst gemerkt): Ich halte Gott ganz und gar nicht für eine »fixe Idee«. Kennen gelernt habe ich ihn durch meine Eltern, die das, was sie glaubten, auch lebten. Und als ich dann auf eigenen Füßen stand und aussortierte – Was behalte ich bei? Was schmeiß ich über Bord? –, da fand ich so viele gute Gründe, mein Leben Gott anzuvertrauen, dass ich bis heute dabeigeblieben bin.

Vielen Leuten in meinem Umfeld geht es ähnlich. Und immer wieder tauchen in unseren Gesprächen die Fragen auf: Nimmt Gott eigentlich Einfluss auf unsere persönliche Lebensplanung? Zeigt er uns, welche Wege wir einschlagen sollen? Hat er einen Plan für unser Leben? Oder lässt er uns frei agieren? Dirigiert er uns in bestimmte Richtungen? Oder begleitet er uns vielmehr auf den Wegen, für die wir uns selbst entschieden haben?

Beate zum Beispiel ist davon überzeugt, dass Gott für sie einen detaillierten Plan hat und dass es ihre Aufgabe sei, diesem Plan so genau wie möglich zu folgen. Beate ist 32 Jahre alt. In den letzten Jahren sehnt sie sich häufig nach einem Lebenspartner, was Beate aber niemals dazu bewegen könnte, von sich aus auf einen Mann zuzugehen, der ihr gefällt. Und eine Kontaktanzeige aufzugeben, das erscheint Beate geradezu wie ein Hineinpfuschen in Gottes Handwerk. »Gute Ehen können nur im Himmel geschlossen werden«, meint Beate, »und deshalb warte ich, bis Gott mir den Mann zeigt, der zu mir passt.« Zu guter Letzt zitiert Beate dann noch ihre Mutter, die zu sagen pflegte: »Wen Gott für dich hat ausgedacht, der wird dir auch ins Haus gebracht.«

Wie nötig ist das Warten auf »Gottes Fingerzeig«?

»Möchtest du in unserem Chor mitsingen?«, frage ich einen jungen Mann, der seit kurzem in unsere Gemeinde kommt. »Wir brauchen dringend Verstärkung im Tenor, und ich habe schon mitbekommen, dass du eine wunderschöne Stimme hast.«

»Bedaure«, sagt er. »Das Angebot ist zwar verlockend und eigentlich singe ich für mein Leben gern. Aber ich treffe grundsätzlich keine eigenwilligen Entscheidungen. Und schon gar nicht nach dem Lustprinzip. Danke für die Anfrage, aber ich muss warten, bis Gott selber mir den Platz zuweist, den ich in dieser Gemeinde ausfüllen soll.«

Wie nötig ist das Warten auf »Gottes Fingerzeig«?

»Wir haben zwei Stellenangebote vorliegen«, sagt Frau Winter. »Eins im Norden und eins im Süden Deutschlands. Keine Frage, wenn es nach unserer Nase ginge, zögen wir eigentlich lieber in den Süden. Aber wir sind uns nicht sicher, ob Gott uns nicht gerade da haben möchte, wo wir nicht hin wollen! Der Pfarrer, der mich konfirmiert hat, sagte immer: ›Wenn du die Wahl hast, wähle den schweren Weg; wenn du die Qual suchst, nimm den bequemen Steg.‹«

Wie nötig ist das Warten auf »Gottes Fingerzeig«?

Das »Gott-lenkt-jeden-Schritt«-Spiel Leben ist lebensgefährlich! Das wussten Sie natürlich – Leben ist nicht berechenbar! Das wussten Sie ebenfalls.

Laut Fahrplan braucht der ICE von Hamburg nach Hannover 1 Stunde und 25 Minuten. Laut Fahrplan bleibt Ihnen genügend Zeit, um in Hannover den Anschlusszug zu erreichen. Und dann hat ausgerechnet Ihre Lok einen Betriebsschaden. Zu spät in Hannover, zu spät für den Anschlusszug! Ein Taxi bietet die einzige Möglichkeit, pünktlich an Ihr Ziel zu kommen. So ein Ärger, und ein kostspieliger dazu!

Leben ist unberechenbar.

Gegen alles Mögliche sind Sie versichert, gegen Krankheit, gegen Diebstahl und auch gegen Feuer.

Und was trifft Sie? Hochwasserschäden! Und genau die haben Sie für ebenso unwahrscheinlich gehalten wie einen Schneesturm im Juli.

Leben ist unberechenbar!

Laut Eheversprechen vor dem Traualtar will Ihre Frau

in guten wie in schlechten Tagen zu Ihnen halten. Aber als Sie nach einem Schlaganfall arbeitsunfähig werden und Ihr äußeres Erscheinungsbild Spuren dieser Krankheit aufweist, da empfindet Ihre Frau es plötzlich als unzumutbar, bei Ihnen auszuhalten.

Leben ist unberechenbar. In einem Augenblick kann alles o.k. sein. Im nächsten Moment kann alles aus dem Lot geraten.

Ach, gäbe es doch irgendeinen Schutz gegen diese Unberechenbarkeit! Gäbe es eine Vorab-Garantie! Gäbe es jemanden, der uns schützen könnte vor all den unvorhersehbaren Bauchlandungen! Man müsste es *vor* jeder Entscheidung wissen:

- Mit diesem Mann ist prima alt zu werden.
- An dieser Arbeitsstelle wird es niemals Mobbing geben.

Aber wer kann so etwas im Voraus schon wissen? Da stoßen wir Menschen an unsere Begrenzungen.

Was für ein fabelhafter Kerl ist Ihr Schwiegersohn! Und das meinten nicht allein Sie, davon war die gesamte Verwandtschaft überzeugt. Für den hätten Sie Ihre Hand ins Feuer gelegt. Und heute?

Wenn Sie Ihrer Tochter auch nur die Hälfte glauben, erlebt sie just mit diesem fabelhaften Kerl die reinste Hölle!

Es müsste jemanden geben, der weiter gucken kann als wir begrenzte Erdenbürger – einen, der potentiellen Partnern (oder Schwiegerkindern) nicht nur bis vor die Stirn schauen kann; einen, der Durch- und Überblick hat, der uns quasi per Standleitung ununterbrochen vermittelt, was wir tun und lassen sollen, damit wir vor Pleiten, Pech und Pannen bewahrt bleiben.

Ein Wahrsager? Bewahre! (Im 5. Buch Mose, Kapitel 18, Verse 10-12 steht unmissverständlich, was Gott von solcher Art Absicherung hält.) So etwas haben wir doch überhaupt nicht nötig! Wir können schließlich Gott persönlich bitten:

Sag du uns, wo es langgehen soll!

Sag du uns, was wir tun sollen!

Sag du uns, welcher Mensch zu uns passt!

Und genau auf diesem Hintergrund entsteht das »Gott-lenkt-jeden-Schritt«-Spiel. (In einigen Regionen bekannt unter »Trag-mich-durch's-Leben«-Spiel oder »Bleib-stehn-bis-Gott-dich-schiebt«-Spiel.)

Wie dem auch sei, hier bei uns heißt es »Gott-lenkt-jeden-Schritt«-Spiel.

Ich persönlich spiele es selten, muss aber gestehen, dass ich viele leidenschaftliche Spieler dieser Art kenne.

Manche haben in jedem Zimmer ihrer Wohnung ein Exemplar dieses Spiels deponiert, denn selbst in der Küche vermeiden sie selbständige Entscheidungen. Und ich registriere sehr wohl, dass diese Leute Vorteile haben, über die ich nicht verfüge.

Vorteile »Gott-lenkt-jeden-Schritt«-Spieler haben einen Weg gefunden, Entscheidungen zu delegieren. Indem sie sich freiwillig zu Befehlsempfängern machen, reduzieren sie ihre Verantwortung.

»Gott-lenkt-jeden-Schritt«-Spieler haben eine Strategie entwickelt, die Angst vor der Unberechenbarkeit des Lebens zu reduzieren.

»Gott-lenkt-jeden-Schritt«-Spieler haben offenbar auch einen Weg zu echter Arbeitsersparnis gefunden. Immerhin bleibt ihnen die Mühe einer systematischen Entscheidungsfindung weitgehend erspart.

Eine Bekannte bekundete mir jüngst ihr Mitleid. Sie erlebte mit, wie ich sorgfältig Pro und Kontra auflistete, um zu klären, ob ich eine bestimmte Aufgabe annehmen sollte oder nicht.

Sie war überzeugt davon, dass ich es mir bedeutend einfacher machen könne. Ich solle bloß darauf achten, bei welcher Version sich »innerer Friede« in mir ausbreite. Der nämlich sei Beweis und sozusagen Gottes Quittung dafür, dass ich das Richtige anstrebe. (Ich bin da sehr skeptisch. In der Bibel wird uns die Geschichte von einem Propheten namens Jona erzählt. Inmitten eines heftigen Sturmes hatte er derartig viel inneren Frieden, dass er in seiner Kajüte lag und wie ein Murmeltier schlief. Und doch war er ausgerechnet in dieser Situation auf dem absoluten Holzweg, wie der Fortgang der Geschichte zeigt.)

Eine systematische Entscheidungsfindung ersparen sich extreme »Gott-lenkt-jeden-Schritt«-Spieler übrigens auch, indem sie willkürlich ihre Bibel aufschlagen, die Augen schließen und dann mit dem Finger auf irgendeine Textstelle tippen. Und was dort steht, das deuten sie – mal fröhlich, mal schweren Herzens – als Gottes persönlichen Marschbefehl.

»Gott-lenkt-jeden-Schritt«-Spieler sind sicher, dass alles, was ihnen widerfährt, Teil eines guten Planes ist, den Gott eigens für sie erstellt hat. Damit ersparen sie sich bohrende Warum-Fragen, wann immer sich Tragisches ereignet. Und während uns anderen die Worte fehlen angesichts mancher Katastrophe, wissen besagte Spieler sich und andere jederzeit zu trösten. »Gott macht keine Fehler«, das ist einer ihrer Lieblingssätze, mit dem sie jede noch so tragische Situation »glattzubügeln« vermögen.

Ein weiterer Vorteil für »Gott-lenkt-jeden-Schritt«-Spieler mag darin liegen, dass sie den Frust ihres Lebens einem anderen anlasten können.

Wer nicht entschieden hat, der ist auch nicht verantwortlich. Wer nicht verantwortlich ist, der darf sich dort beschweren, wo entschieden wurde.

»Gott-lenkt-jeden-Schritt«-Spieler schaffen es darüber hinaus, Erfreuliches noch erfreulicher zu machen und Natürlichem einen Hauch von Übernatürlichem zu geben. (Ist ja verständlich, dass meine Bekannte sich freut, wenn es zum Abend hin regnet, nachdem sie am Morgen gepflanzt hat. Aber als leidenschaftliche »Gott-lenkt-jeden-Schritt«-Spielerin setzt sie noch eins drauf. Sie verdoppelt ihre Freude, indem sie den Gedanken nährt: Dieser Regen ist ganz gezielt ein Geschenk Gottes an mich, zumal davon in keiner Wettervorhersage die Rede war.)

Alles in allem: »Gott-lenkt-jeden-Schritt«-Spieler haben intuitiv (wenn auch ganz bestimmt ohne Berechnung) eine Möglichkeit gefunden, sich dieses unberechenbare Leben zu erleichtern.

Und wenn Sie jetzt noch den unvermeidlichen Beipackzettel lesen, dann werden Sie feststellen, dass die Risiken und Nebenwirkungen im Vergleich zu den zahlreichen Anwendungsmöglichkeiten absolut geringfügig sind. Daran ändert auch nicht, dass die einzige, unumgängliche Nebenwirkung in Großbuchstaben erscheint.

Risiken und Nebenwirkungen Wörtlich steht da: DER GLEICHZEITIGE GENUSS VON FREIHEIT IST »GOTT-

LENKT-JEDEN-SCHRITT«-SPIELERN LEIDER NICHT MEHR MÖGLICH.

Jeder Versuch, Verantwortung zu delegieren und gleichzeitig frei entscheiden zu wollen, führt zu erhöhtem Kopfdruck und Herzbeschwerden. Das ist alles!

Dass ich dieses Spiel (angenommen, man fragte mich danach) trotz allem nie und nimmer für die »Liste lebensfördernder Spiele« empfehlen werde, mag Sie nach dieser Einstiegs-Laudatio vielleicht befremden.

Und natürlich erwarten Sie mit Recht, dass ich meinen ablehnenden Bescheid anständig begründe.

Die Wirklichkeit Erlauben Sie mir folgende Vorstellung: Ich male mir aus, Jesus von Nazareth käme ins Congresszentrum nach Hamburg, um endlich Klarheit zu schaffen für all die Leute, die sich Tag um Tag mit der Frage herumschlagen: Wie erfahre ich Gottes Willen für mein persönliches Leben?

Die Bundesbahn setzt Sonderzüge ein, um all die Interessierten nach Hamburg zu bringen. Massen von Menschen warten bereits Stunden vor Beginn der Veranstaltung auf den Einlass ins Congresszentrum. Nur ein Teil von ihnen ergattert einen Platz im Inneren. Aber dank neuester Übertragungsmöglichkeiten wird die Rede bis nach »Planten und Blomen« zu hören sein.

Kein Chor, kein pantomimisches Vorprogramm, kein Gewinnspiel, das animieren müsste. Nichts dergleichen ist nötig, um die sonst so kurzatmigen, medienverwöhnten Zuhörer in Spannung zu halten.

Notizbücher und Bleistifte sind gezückt. Manche haben heimlich einen Kassettenrekorder unter ihrem Sitz. Das

Risiko, erwischt zu werden, erscheint ihnen gering im Vergleich zu der Aussicht auf authentisches Material. Endlich ist es so weit.

Aber kaum begonnen, ist alles schon vorbei. Einen Satz, einen einzigen Satz sagt der Meister: »Mensch, es ist dir gesagt, was gut ist.«

Das sagt er – und verschwindet hinter dem Bühnenvorhang.

Dann weist noch jemand darauf hin, dass am Ausgang kostenlos Bibeln verteilt würden, darin stehe alles, worauf der Meister hingewiesen habe.

Ich muss Ihnen nicht schildern, wie groß das Entsetzen bei den Zuhörern ist. Bibeln besitzen die meisten von ihnen seit Jahr und Tag in mehrfacher Ausführung. Und für diesen einen mickrigen Satz hätten sie sich die weite Reise wahrhaftig sparen können.

»Bei dir stimmt etwas nicht!« Das würden wir jedem bescheinigen, der einen klar umrissenen Arbeitsauftrag vor sich hat, im Vollbesitz seiner geistigen und körperlichen Kräfte ist und dennoch jammert: »Ich weiß einfach nicht, was ich tun soll!« Stimmt's?

Und doch habe ich den Eindruck, dass viele Christen sich genau so verhalten. Die Bibel ist prall gefüllt mit Ideen für gelingendes Leben. Sie sagt uns sehr wohl, was gut und lebensfördernd ist. Es mangelt auch keineswegs an Predigten, die immer wieder helfen, all die alten Worte in unsere aktuelle Lebenssituation zu übertragen.

Und trotzdem sagen viele Christen: Das reicht uns nicht! Wir wollen Privatunterricht! Wir wollen Handlungsanweisungen, die exklusiv und für uns persönlich aus dem Himmel kommen!

»Es ist dir gesagt, Mensch, was gut ist: Gottes Wort halten, Liebe üben und demütig sein vor deinem Gott.« So steht es in der Bibel (Micha, Kapitel 6, Vers 8).

Mit anderen Worten: Mach doch bitte kein Geheimnis aus dem, was längst klar auf dem Tisch liegt. Wenn du wissen willst, was der Wille Gottes ist, dann guck in die Bibel!

Und was steht da? Da steht, dass es Gott am Herzen liegt, uns wohl zu tun!

»Ich bin gekommen, damit ihr das Leben und volles Genüge habt«, sagt Jesus (Johannes-Evangelium, Kapitel 10, Vers 10). Da steht weiterhin, dass es Gott ein Anliegen ist, bis in alle Ewigkeit mit uns Gemeinschaft zu haben (Matthäus-Evangelium, Kapitel 28, Vers 20).

Ja sicher, mögen Sie sagen, das ist prima! Aber was helfen mir solche generellen Absichtserklärungen, wenn ich entscheiden muss, nach Hamburg oder nach München zu ziehen!?

Moment! In der Bibel steht ja noch sehr viel mehr. Da ist von Rahmenbedingungen die Rede, von den Zehn Geboten. Und wie klug diese Rahmenbedingungen sind, wird tagtäglich und fatalerweise vor allem dort offenbar, wo man sich einen Dreck um sie schert.

Kein Zweifel, mögen Sie sagen. Eine gewisse Richtung zeigen die Zehn Gebote sicherlich an. Wenn ich sie ernst nehme, fallen manche Vorhaben von vornherein unter den Tisch.

Sie sind trotzdem nicht zufrieden? Das alles, glauben Sie, reiche nicht als Entscheidungshilfe? Dann könnte es sein, dass Ihr Schöpfer Sie für findiger hält, als Sie das tun. Dann könnte es sein, dass Sie sich von ihm eine Wanderkarte im Maßstab 1:50.000 erhoffen, während er davon überzeugt ist, dass Sie durchaus mit einem Kompass zurechtkommen. Dann könnte es sein, dass irgendetwas Sie daran hindert, eine umwerfende Tatsache bis in Ihre Zehenspitzen sickern zu lassen. Ich meine damit die Tatsache, dass Sie als Gottes Ebenbild geschaffen sind (1. Buch Mose, Kapitel 1, Vers 27), dass er Sie wenig niedriger gemacht hat als Gott (Psalm 8, Vers 6), dass er Sie, obwohl er das Risiko kennt, mit einem freien Willen ausgestattet hat. Könnte es sein, dass in Ihnen immer noch »Knechtssinn« (Hanna Wolf) dominiert, während Jesus Sie als mündigen Bürger, Freund und Gottes Hausgenossen betrachtet?

Ich bin wahrhaftig keine Person, für die Angst ein Fremdwort wäre. Und die Furcht vor Neuland (und was sonst liegt vor jedem Schritt?), diese Furcht kenne ich allzu gut.

Wenn ich in einer fremden Umgebung nicht weiß, wo es langgeht, dann merke ich: Mein erster Impuls ist, alle möglichen Leute nach dem Weg zu fragen. Und dann erst fällt mir ein, dass ich ja selber eine Straßenkarte in der Tasche habe. Mit anderen Worten: Ich weiß, dass ich zu Unselbständigkeit neige. Aber eins ist mir wichtig: Meine Angst will ich Angst nennen und meine Unselbständigkeit Unselbständigkeit.

So selbstverständlich das scheinen mag, an dieser Stelle nehmen viele Leute eine »positive Umdeutung« vor: In einem Anflug von Schönrederei erklären sie ihre Angst zum Akt besonderer Frömmigkeit.

Wenn Gott uns aber doch ausgestattet hat mit der Fähigkeit, Entscheidungen zu treffen, wie können wir dann so tun, als sei unser angstvolles Fragen vor jedem neuen

Schritt in Wirklichkeit etwas, was ihn besonders ehrt? Ich glaube, es ist ein verhängnisvoller Irrtum zu meinen, ein wahrhaft frommer Mensch müsse sich so klein und unmündig verhalten, dass er aufrecht unter dem Teppich gehen könnte, unfähig, auch nur die kleinste Entscheidung eigenverantwortlich zu fällen.

Und jetzt treib ich es auf die Spitze: Für mich riecht es überall dort nach Blasphemie, wo mir Leute einreden, es könne den Schöpfer ehren, wenn seine Geschöpfe sich permanent für lebensuntüchtig erklären.

Vor jedem Schritt auf eine differenzierte göttliche Anweisung zu warten, vor jeder anstehenden Entscheidung die Frage zu stellen: Gott, was willst du, dass ich tun soll? – All das verführt zur Passivität.

Wer so fragt, der wartet darauf, dass sich Gefühle, Eindrücke und »Zufälle« einstellen, die es unnötig machen, selber zur Entscheidung zu finden (wohlgemerkt mit der uns von Gott verliehenen Tüchtigkeit; siehe 2. Brief an die Korinther, Kapitel 3, Vers 5).

Und jetzt? Jetzt bleibt die Frage: Was können wir tun, wenn wichtige Entscheidungen anstehen?

- Wir überlegen, ob unser Vorhaben mit Gottes Rahmenbedingungen zu vereinbaren ist.
- Wir stellen fest, wo unsere Stärken und Begabungen liegen. Wenn wir glauben, dass Gott uns geschaffen hat, dann sind unsere Begabungen auch indirekte Wegweiser von Gott.
- Wir stellen fest, wo unsere Schwächen liegen.
- Wir erspüren, wozu wir Lust haben. Mag sein, dass dieses Stichwort Ihnen verdächtig vorkommt, aber ich kenne so viele Leute, die etwas tun, weil sie glauben,

dass Gott es von ihnen erwartet. Nur tun sie es vollkommen lustlos und sind deshalb weder für sich selbst noch für andere eine Freude. Ganz anders dagegen die Leute, die mit Begeisterung bei der Sache sind.

- Bei gewichtigen Entscheidungen bringt es viel, ganz systematisch Vor- und Nachteile möglicher Alternativen aufzulisten und gegeneinander abzuwägen. (Mit Papier und Stift geht das besser als im Kopf.)
- Auch das gemeinsame Beraten mit jemandem, dem wir am Herzen liegen, kann weiterhelfen. Sollten Sie allerdings in ein und derselben Angelegenheit bereits zig Leute um Rat gefragt haben, ohne in die Gänge gekommen zu sein, könnte es sein, dass Sie Letzteres vermeiden möchten. Denn allzu viele Ratgeber bieten allzu viele Lösungen an. Und am Ende sagen Sie zu Recht: Jetzt weiß ich gar nichts mehr.
- Wir bitten Gott, dass er uns hilft, alles Wichtige zu bedenken.
- Und schließlich setzen wir uns ein Zeitlimit. Entscheidungsprozesse schlucken zu viele Energien, als dass wir sie allzu lange ausdehnen sollten.

Und jetzt? Jetzt gehen Sie los! Sie haben getan, was möglich war, um eine gute Entscheidung zu fällen.

Und es hat nichts mit hellseherischen Fähigkeiten zu tun, wenn ich sage: Vor Ihnen liegt Neuland, aber kein Niemandsland. Gott geht ja mit.

Mal wird der Boden wackeln vor Glück, mal wird sich lange nichts bewegen. Erhebendes wird sich abwechseln mit dunklen Tälern und Bauchlandungen, Gelingen mit Schuld und Fehlern. Und jetzt sagen Sie nicht, dass Sie genau das aber doch vermeiden wollten.

Es geht nicht! Bis zu unserem letzten Atemzug bleiben wir Sünder und über den Status eines »begnadigten Sünders« kommt keiner von uns hinaus. (Oder kennen Sie eine Bibelstelle, die Ihre Erlösungsbedürftigkeit unter bestimmten Voraussetzungen aufhebt?)

Und überhaupt: Aus Fehlern lernen wir immer noch das meiste (wenn wir es wollen), und die Erfahrung eigener Schuld ist bei allem Bitteren die einzige Möglichkeit, barmherzig mit anderen zu werden. Und die dunklen Täler? Ich schätze, auch ohne die kommen wir nicht zurecht. Denn das, was wir genießen, ist der Kontrast und selten der Zustand.

Dauerhaft gutes Wetter registriert man kaum noch, aber plötzlicher Sonnenschein nach anhaltendem Regen macht mitunter knallvergnügt.

Keine Angst, ich bin kein Leidensfetischist. Ich plädiere nur für Nüchternheit und möchte sagen: Wie auch immer Sie sich entscheiden, keine Entscheidung wird ausschließlich Gewinn und keine wird ausschließlich Verlust nach sich ziehen. Alles im Leben ist Stoff, aus dem Sie Sinn schlagen können. In der Bibel heißt das: »Denen, die Gott lieben, werden alle Dinge zum Besten dienen« (Brief an die Römer, Kapitel 8, Vers 28).

Gott hat uns einen Rahmen gesteckt für unser Leben. Der soll uns schützen. Wer diesen Rahmen als Einengung empfindet, müsste sich folgerichtig auch über die Einrichtung von Schranken an einem Bahnübergang aufregen. Aber innerhalb dieses Rahmens gibt es immer verschiedene Wege, die uns offen stehen. Selbst bei einer so gewichtigen Angelegenheit wie der Partnerwahl geht es nicht darum, dass es auf dieser ganzen Welt nur einen einzigen

Menschen gäbe, der zu mir passt. Ich entscheide mich also nicht für den einzig Richtigen, vielmehr wird der Mensch, für den ich mich entscheide, durch meine Wahl der einzig Richtige.

»In Ordnung«, sagte mein ›Richtiger‹ an dieser Stelle. (Er ist Pastor und ein aufmerksamer Kritiker.) »Gott ist kein Fadenzieher und wir sind keine Marionetten. Aber eins will ich dir sagen: Diese schlichte Bitte um Gottes Hilfe, meinen Weg zu finden, die lass ich mir nicht mies machen.«

»Warum auch?«, sagte daraufhin die Ehefrau. »Was soll denn auch falsch daran sein, Gott um seinen Beistand zu bitten? Hauptsache, wir erwarten von ihm nicht, dass er uns alle Entscheidungen aus der Hand nimmt.«

Denn das tut er nicht! Entscheidungen bleiben unsere Sache, ganz gleich, ob wir unser hohes Maß an Freiheit schätzen oder fürchten.

9 »*Eigentlich* will ich aufhören zu rauchen, aber Fakt ist, dass ich das sowieso nicht schaffe.«

Was ist dran an der »Macht des Faktischen«?

Rolf Grübel war bereits zweimal als Leiter der Kreditabteilung vorgeschlagen worden. Aber Rolf Grübel wehrte ab. »Ich kenne mich doch«, sagte er. »Als Vorgesetzer bin ich sicher vollkommen ungeeignet.« Und obwohl alle Kollegen vom Gegenteil überzeugt waren, winkte Rolf ab und verpasste erneut eine große Chance.

Brigitte wurde von ihrer Nachbarin zu einem Seminar über Vollwerternährung eingeladen. »Eigentlich halte ich davon eine ganze Menge«, meinte Brigitte, »aber ich kenne mich ja. Länger als zwei Wochen würde ich es doch nicht durchhalten, all die ungesunden Köstlichkeiten links liegen zu lassen. Was man bis 45 nicht geschafft hat, das braucht man sich mit 46 gar nicht mehr vorzunehmen. So ist es nun mal.«

»Man muss sich annehmen, wie man ist«, sagt Erika. »Ich bin halt ein scheuer Mensch und weiß, dass ich zu stottern anfange, sobald mehr als zwei Leute im Raum sind. Also mache ich in einer solchen Situation meinen Mund gar nicht erst auf.«

Seit Jahren hörte man von Marion B. (merkwürdige Namensverwandtschaft) den Satz: »Eigentlich will ich das Rauchen einstellen. Aber ich schaffe es ja sowieso nicht, länger als drei Monate durchzuhalten. Also versuche ich es erst gar nicht mehr.«

Eine Vorbemerkung: Wissen Sie, warum dieses Kapitel seinen Platz so ziemlich am Ende des Buches hat? Nein, das können Sie wirklich nicht wissen. Aber ich sag's Ihnen: Weil es *mein* Kapitel ist, weil dieses Buch an dieser Stelle *mein* Buch wird.

Im Grunde wäre für mich die Sache sehr viel einfacher ohne dieses Kapitel. Die ersten acht haben richtig Spaß gemacht. Aber jetzt geht's ans »Eingemachte«.

Glauben Sie es oder glauben Sie es nicht: Ich neige eher selten dazu, die Gründe für meine Unzulänglichkeiten außerhalb meiner eigenen Person zu suchen (und darum ging es ja bisher!). Verantwortung auf andere zu schieben, das passiert mir zwar mal, aber es ist eher die Ausnahme.

Na prima, mögen Sie einräumen, dann ist Marion B. also kein typischer »Eigentlich ... aber«-Mensch. Schön wär's! Das Treten auf der Stelle kenne ich genauso gut wie andere Leute. Nur ist meine Strategie es zu rechtfertigen eine andere.

Während viele Leute ihr Treten auf der Stelle mit Prägungen, Umständen oder der notwendigen Rücksicht auf andere begründen, begründe ich es mit meinem »persönlichen Unvermögen«. Ich neige zur Selbstbeschuldigung. Ich bringe es fertig, um Entschuldigung zu bitten, wenn ein anderer mich anrempelt. Ganz gesund ist das wahrhaftig nicht.

»Eigentlich möchte ich ..., aber ich schaffe es sowieso nicht. Also lasse ich alles wie gehabt.«

Das ist mein Kapitel!

Da es aber offensichtlich noch ein paar mehr Menschen

gibt, die dieser Kleinmut plagt, steht das Folgende nicht in meinem persönlichen Tagebuch, sondern in diesem Buch, das lesen kann, wer will.

Das »Ich-schaffe-es-sowieso-nicht«-Spiel Was Sie heute leisten, bestimmt, was man morgen von Ihnen erwartet. So ist das.

Hätte Boris Becker nicht bereits im zarten Alter von 17 Jahren das Endspiel in Wimbledon gewonnen, die Presse hätte ihn in den folgenden Jahren weitaus sanfter beurteilt.

Würde man die Gattin unseres Bundespräsidenten nicht als exzellente Köchin kennen, niemand würde sich wundern, wenn irgendein Essen mal nicht so gelingt.

Wäre Sabrina nicht allen ihren Lehrern als ausgezeichnete Schülerin bekannt, ihre momentanen Patzer würden sehr viel gelassener hingenommen.

Aber Boris hat mit 17 gewonnen, Frau Herzogs Kochkunst ist ein Medienereignis und Sabrinas Leistungen sind schulbekannt.

Was Sie persönlich betrifft, läuft es keineswegs anders. Ihre Leistung von heute ist der Maßstab, an dem Sie morgen gemessen werden. Waren Sie bis heute erfolgreich, erwartet man auch morgen eine angemessene Leistung von Ihnen.

Spüren Sie, dass so etwas Druck macht? Je höher Ihre Leistung von heute, um so stärker der Druck, morgen nicht zu enttäuschen!

Waren Sie bis heute eher mäßig, erwartet man morgen zwar keine Höchstleistung von Ihnen, aber die Schublade, in die Sie dann geraten, ist auch kein angenehmes Plätzchen.

Gibt es überhaupt einen Weg, diese unerfreuliche Festschreiberei zu verhindern?

Durchaus! Sie lassen es einfach gar nicht so weit kommen, als klug, geschickt, dumm oder ungeschickt bekannt zu werden! Und das klappt am besten, wenn Sie mit Hilfe eines schlichten »Ich kann das nicht« alles, was Ihnen schwierig erscheint, schon im Vorfeld verweigern. Dann kommen am Ende weder Ihre Stärken noch Ihre Schwächen ans Tageslicht.

So etwas macht kein vernünftiger Mensch, glauben Sie? Mit Verlaub: »Ich-schaffe-es-sowieso-nicht«-Spieler tun genau das am laufenden Band. Im Grunde sind es geniale Menschen. Vier kleine Wörter – »Ich kann das nicht« – und die Herausforderung geht an ihnen vorbei (und wird stattdessen an einen anderen weitergereicht).

Ob es »Ich-schaffe-es-sowieso-nicht«-Spielern an Ehrgeiz mangelt?

Ich glaube nicht. Sie können durchaus schwelgen in »Eigentlich würde ich gerne ...« Aber sie würden es ja sowieso nicht hinkriegen! Also lassen sie es von vornherein bleiben. Und siehe da: Mit der »Klappe des Unvermögens« lassen sich ganz bequem sieben Vorteile auf einen Streich ergattern, Annehmlichkeiten, auf die selbstsichere Draufgänger ihr Leben lang nicht hoffen können.

Vorteile »Ich-schaffe-es-sowieso-nicht«-Spieler werden selten kritisiert (abgesehen von dem Zensor, der in ihrem Inneren herrscht).

Wie heißt es so schön? »Um Kritik zu vermeiden, tu nichts, sag nichts, sei nichts.«

Diesen Spruch haben passionierte Spieler verinnerlicht,

und siehe da: Sie stehen höchst selten im Kreuzfeuer öffentlicher Kritik.

»Ich-schaffe-es-sowieso-nicht«-Spieler haben mit ihrer »Ich-kann-das-nicht«-Strategie jederzeit ein Alibi, um sich vor Herausforderungen zu drücken, ohne als faul verschrien zu werden.

»Ich-schaffe-es-sowieso-nicht«-Spieler gelten als bescheiden und demütig. Und so sparsam sie mit Eigenlob umgehen, so verschwenderisch loben sie andere, die tun, was sie selber »nie und nimmer schaffen würden«.

»Ich-schaffe-es-sowieso-nicht«-Spieler sind sympathische Zeitgenossen, zumindest für all die vielen »Ärmelaufkrempler«, die heilfroh sind, wann immer ein hilfloses Wesen ihre Hilfe benötigt und schätzt.

»Ich-schaffe-es-sowieso-nicht«-Spieler leben sehr viel gemütlicher als die, die meinen, alle möglichen Herausforderungen meistern zu müssen.

Und last not least: »Ich-schaffe-es-sowieso-nicht«-Spieler erhalten sich ein positives Selbstbild. Denn auch, wenn sie sagen: »Ich kann das sowieso nicht« – ganz sicher sind sie sich natürlich nicht.

Wer den Führerschein nach drei Anläufen immer noch nicht schafft, wird zugeben müssen, dass Autofahren nicht seine Stärke ist.

Wer es dagegen überhaupt nicht erst versucht, der kann gar nicht durchfallen. Und so fraglich Ihnen dieser Vorteil erscheinen mag, er garantiert dem Betreffenden von bitteren Erkenntnissen verschont zu bleiben.

Risiken und Nebenwirkungen »Ich-schaffe-es-sowieso-nicht«-Spieler bringen sich selber um Erfolgserlebnisse.

Wer nichts wagt, der nichts gewinnt! Entsprechend bleibt das gute Gefühl, etwas gemeistert zu haben, auf der Strecke. Und damit fehlt der »Treibstoff«, der nötig ist, um weitere Herausforderungen mutig anzugehen. Fazit: Das Spiel beginnt von vorne!

»Ich-schaffe-es-sowieso-nicht«-Spieler bewirken höchstpersönlich, dass ihre ursprünglich angelegten Talente sich verflüchtigen. Die Stimme, die aus lauter Angst vor einem falschen Ton nicht benutzt wird, rostet. Und schließlich taugt sie tatsächlich nicht mehr zum Singen. Aber nicht, weil es stimmt, was man ja immer schon behauptet hat, sondern weil Einstellungen Tatsachen schaffen. Wer fest davon überzeugt ist, nicht singen zu können, wird es entweder gar nicht tun oder ganz zaghaft und halbherzig. Und beides führt letztendlich dazu, dass eintritt, was man befürchtet hat.

»Ich-schaffe-es-sowieso-nicht«-Spieler sind extrem abhängig von anderen Leuten, denn vieles, was sie sich nicht zutrauen, muss ein anderer für sie erledigen.

Und so sehr es stimmt, dass Herausforderungen das Leben spannend machen, so sehr stimmt es auch, dass das »Kneifen« vor Herausforderungen schnurstracks in die Langeweile führt.

Dass das »Ich-schaffe-es-sowieso-nicht«-Spiel zudem ansteckend ist, sieht man deutlich an Kindern, deren Eltern dieses Spiel aktiv betreiben. Deshalb darf nicht verschwiegen werden, dass »Ich-schaffe-es-sowieso-nicht«-Spieler nicht nur sich selber, sondern auch anderen Schaden zufügen.

Wenn Sie mich fragen, dann reichen diese Nachteile allemal, um dieses Spiel auf den Sperrmüll zu verfrachten.

Nur gelingt das leider nicht per verbaler Absichtserklärung, nach dem Motto: Ich will in Zukunft nicht mehr »Ich schaffe es sowieso nicht« sagen. Das ist zwar nicht falsch, aber es reicht nicht. Der Abschied von Ohnmachts-Sätzen ist keine Nuss, die man zwischen zwei Kissen knacken kann.

Schluss mit »Ich schaffe es sowieso nicht«! Zum Abschied vom »Ich-schaffe-es-sowieso-nicht«-Spiel sind *handfeste Maßnahmen* erforderlich, als da sind:

- Nehmen Sie Papier und Stift zur Hand und schreiben Sie alles auf, was Sie eigentlich gerne schaffen würden. (Ich gehe mal davon aus, dass Sie jetzt nicht unbedingt Dinge nennen, die kaum ein Mensch zu tun in der Lage ist.)
- Nehmen Sie ein zweites Blatt und sortieren Sie Ihre Wünsche nach Schwierigkeitsgrad.
- Packen Sie das an, was Ihnen am leichtesten fällt. (Kein Balletttänzer beginnt mit Pirouetten!)
- Halten Sie diese eine Sache unbedingt durch! (Und wenn es Ihr Vorhaben ist, jeden Tag kalt zu duschen und/oder einen Apfel zu essen, dann ziehen Sie genau das durch.)
- Und dann erst gehen Sie zum Nächstschwereren.
- Erzählen Sie einem guten Freund oder einer Freundin, woran Sie gerade arbeiten, gestatten Sie ihm oder ihr, Sie ab und zu zu fragen, wie es läuft, und überlegen Sie gemeinsam, was Sie hindert voranzukommen.
- Und vergessen Sie nicht: Eine noch so kleine Sache konsequent durchzuziehen, bringt jedem Ziel näher.

Ein Freund von mir schob Jahr für Jahr eine notwendige Gewichtsabnahme vor sich her. »Eigentlich will ich ja abnehmen, aber ich bringe es sowieso nicht fertig.« Das war sein Standardsatz. Irgendwann kriegte er die Kurve, suchte sich eine Gruppe von Gleichgesinnten und einen Arzt, der ihn betreute. Er bat seine Freunde um Unterstützung. Und siehe da: Er nahm ab. Dieser Erfolg bewirkte eine Kettenreaktion. Plötzlich bekam dieser Mensch Lust, Dinge in Angriff zu nehmen, an die er sich bislang niemals herangewagt hatte.

Fazit: Eine einzige Sache konsequent durchzuziehen, bringt *jedem* Ziel näher!

Ist das alles?

Nein. Kalkulieren Sie die Folgen ein! Ihrer Umgebung wird Ihre neue Tatkraft schnell auffallen. Wie gut Sie für alles Mögliche zu gebrauchen sind, wird niemandem verborgen bleiben. Und schon werden Ihre ruhigen Minuten gezählt sein.

Beim mutigen Ausprobieren all dessen, was Sie bisher schon im Vorfeld weit von sich gewiesen haben, werden Sie Fehler machen. Damit gilt es sich auszusöhnen.

Sie werden mehr und mehr Klarheit darüber bekommen, was Sie tatsächlich schaffen. Aber Sie werden vielleicht erstmalig auch in aller Deutlichkeit sehen, was Ihre Möglichkeiten übersteigt. Und auch das will »geschluckt« sein.

Alles in allem, der Abschied vom »Ich-schaffe-es-sowieso-nicht«-Spiel ist nicht umsonst, aber trotzdem empfehlenswert. Denn dieses schöne Leben ist einfach viel zu schade, um große Bereiche als Brachland ungenutzt liegen zu lassen.

Und was nun Marion B. aus Hamburg betrifft, die hat es entgegen jahrelanger »Ich-schaffe-es-sowieso-nicht«-Beteuerungen in Angriff genommen, das Rauchen einzustellen.

Etwa zwanzig Anläufe waren bereits fehlgeschlagen. Warum?

Weil Rauchen wirklich so schön ist, wie die Kinowerbung verspricht. Ja, wirklich! Die meisten Werbekampagnen sind glatte Lüge. So viele Flecken bleiben, was sie sind, trotz der Waschpulver mit Reinheitsgarantie. Und die richtige Kaffeemarke als Krönung jeder Geburtstagsfeier – wer glaubt das denn? Nur Rauchen, das ist wirklich schön!

Sie finden Rauchen eher ätzend und meine Aussage empörend? Könnte es sein, dass Sie selber nie geraucht haben?

Mit Verlaub: Dann urteilen Sie bitte über alles Mögliche, aber nicht über das Rauchen. Sonst sind Sie für mich eine Art Eskimo, der sich berufen fühlt, den Bewohnern Afrikas zu sagen, wie sie sich kleiden sollen.

Ganz im Ernst: Rauchen hat was!

Es ist Trostpflaster in verzwickten Situationen.

Es bringt Aufschub bei unliebsamen Abschieden.

Es bietet Ersatz für kalorienreiches Essen.

Es ist Ablenkung und Konzentrationshilfe, je nachdem, was einer gerade braucht.

Nur eins konnte Marion B. nicht leugnen: Dieses schöne Laster ist Selbstmord auf Raten. Und jetzt hat sie Nägel mit Köpfen gemacht und dem blauen Dunst Ade gesagt.

Gut, oder?

Sie hat ihre Freunde davon unterrichtet. Und an ihrem Küchenschrank klebt der Satz: Was ich bis gestern nicht geschafft habe, kann heute durchaus gelingen. So etwas braucht sie, sagt Marion B. Und ihr augenzwinkerndes: »Wenn ich 85 bin, kann ich ja durchaus wieder rauchen« scheint ihr ebenfalls als unterstützende Maßnahme zu nützen.

Und wissen Sie, was sie außerdem noch gemacht hat? Sie hat ihren Freunden versprochen, dass sie im Falle eines Rückfalls eine großzügige Spende von 300 DM an eine Organisation ihrer Abscheu lockermacht.

Ich kann mir nicht vorstellen, dass sie es dazu leichtfertig kommen lässt. Jede Zigarettenpackung kommt fortan in Form eines Fünf-Mark-Stücks in ein Sparschwein (aber nicht für die Spende, sondern für schöne Musik oder ein Essen im Steak-House). Und jeden Morgen sagt Marion B. zu ihrem Vater im Himmel: »Bitte hilf mir, dass ich gut für mich sorge und pfeifen kann auf all das, was zwar schön ist, aber was mich kaputtmacht.«

Wohlgemerkt: Was einer sich als Hilfsmittel wählt, um aus dem »Ich-schaffe-es-sowieso-nicht«-Spiel auszusteigen, das soll er selbst entscheiden. Hauptsache, er kommt in die Gänge! Hauptsache, er glaubt sich endlich selber kein Wort mehr, wenn er jede größere Herausforderung stereotyp mit dem Ohnmachtssatz: »Ich schaffe es sowieso nicht« umgeht.

Die »Macht des Faktischen« (»Was ich bis heute nicht geschafft habe, das schaffe ich nie!«) steht auf wackeligen Beinen.

Und wenn Sie wollen, können Sie sie mit einem einfachen Schubs ad absurdum führen.

Die Macht des Faktischen

Eine stachlige Raupe sprach zu sich selbst:
Was man ist, das ist man.

Man muss sich annehmen, wie man ist,
mit Haut und Haaren.
Was zählt, ist das Faktische.
Alles andere sind Träume.

Meine Lebenserfahrung
lässt keinen anderen Schluss zu:
Niemand kann aus seiner Haut.

Als die Raupe dies gesagt hatte,
flog neben ihr ein Schmetterling auf.
Es war, als ob Gott gelächelt hätte.

(Lindolfo Weingärtner)

10 Endlich Schluss mit »Eigentlich ...« – Ein Abschied, der gut überlegt sein will!

Passiert – notiert, Akt 1:

»Wollt Ihr zum Kaffee kommen?«, hatte Britta mich gefragt.

Ich hatte mich bedankt und gesagt: »Nein, wir möchten heute die Sonne genießen und spazieren gehen.«

Und seitdem ist Britta beleidigt.

Hätte ich tief seufzend meinen real existierenden Bügelberg ins Feld geführt, die Kinder, die mich brauchen oder meinen Ehemann mit seinem Argwohn gegenüber Kaffeekränzchen ...

Hätte ich mich wenigstens hinreißen lassen zu einem »Eigentlich« oder »An-und-für-sich« und »Im Prinzip schrecklich gerne« – wetten, dass heute noch alles o.k. wäre zwischen Britta und uns?

Aber ich habe, wenn auch freundlich, so doch schlicht und unpathetisch Nein gesagt.

Und wie es aussieht, war das für Britta schwer zu verkraften. – Zu ihrem Geburtstag sind wir jedenfalls (erstmalig seit zehn Jahren) nicht eingeladen.

So ist das! Da will eine(r) ehrlich sein und muss erleben, dass die anderen das gar nicht schätzen. Eine regelrechte *Double-bind-Geschichte.* Psychologen benutzen dieses Wort für eine Situation, in der jemand Bedingungen aufstellt, auf die man, wie man es auch anstellt, nur falsch reagieren kann.

Hätte ich meine Absage mit dem Bügelberg entschuldigt, wäre das eine glatte Lüge gewesen. (Ich dachte ja im Traum nicht daran, ihm diesen Sonnentag zu widmen.)

Stattdessen hab ich mich für die Wahrheit entschieden und musste erleben, dass auch das nicht taugt, jedenfalls nicht für Brittas zarte Seele.

Höchst kompliziert, die Sache mit den Ausreden! Denn eins steht fest: Ausreden nützen dem, dem man sie serviert, im ersten Moment ebenso wie dem, der sie präsentiert. Kein Wunder, dass der Abschied von all der Herausrederei so schwer fällt.

Wir empfindsamen Wesen mit unserem schutzlosen Selbst, wir sehnen uns nach Schonbehandlung, nach sanften Ab- und Übergängen. Wir schätzen Leute, die frischweg ihre Meinung sagen, solange sie unserer Meinung sind. Und sollten die Meinungen mal auseinander klaffen, dann soll man uns die Wahrheit mundgerecht servieren und, bitte schön, in einer Verpackung, die uns den bitteren Kern vergessen lässt.

Prüfen Sie doch mal, ob Sie nicht sofort stutzig werden, wenn jemand ohne weitere Erklärung einfach »Ich will nicht« sagt, statt »Eigentlich möchte ich ja gerne, aber leider hält mich dies und jenes davon ab«.

Wenn Menschen gefragt werden, welche Eigenschaften sie an anderen Leuten besonders schätzen, dann ist »Ehrlichkeit« meistens unter den ersten fünf. Der »aufrechte Mensch«, der für sein Tun und Lassen Verantwortung übernimmt und diese nicht ständig auf andere schiebt, spukt als Ideal im Bewusstsein der allermeisten Menschen herum.

Das Dilemma ist nur, dass dieses bewusste Ideal verliert, wenn es mit dem unbewussten Ideal »gegenseitiger Schonbehandlung« kollidiert. Dann siegt, verlassen Sie sich drauf, immer das unbewusste Ideal. Und schon bleibt der »aufrechte Gang« auf der Strecke.

Alles in allem: Ganz einfach ist der Abschied von »Eigentlich ..., aber« wahrhaftig nicht!

Passiert – notiert, Akt 2:

Ein Gespräch zwischen Mutter und Sohn

»Der besch... Typ von Müller hat mir eine Fünf verpasst!«

»Tja.«

»Wieso ›tja‹? Mündlich stand ich glatt Drei.«

»Aber schriftlich hinkst du eben hinterher.«

»Mama!!! Ich hatte die Windpocken!«

»Vier Monate?«

»Mama!!! Die zweite Arbeit haben alle verhauen. Sogar Jan hatte eine Fünf!«

»Und mehr als zwei Arbeiten gab's dieses Jahr nicht?«

»Mama!!! Bei der dritten Arbeit hast du selber gesagt, dass ›Faust‹ für die Mittelstufe ganz schön schwer ist!«

»Kurz und gut – mein Sohn ist Opfer einer schicksalhaften Verschwörung! Ist es das, was du sagen wolltest?«

»Vereimern kann ich mich alleine! Ob du es mir nun glaubst oder nicht, aber der blöde Müller hat mich gelinkt.«

– Ende der Unterhaltung –

P.S.: Ich glaube ihm nicht. Ich glaube allerdings, dass im Hinterkopf meines prächtigen Sohnes eine heimliche, aber höchst wirksame Prioritätenliste existiert, die folgende Posten aufweist:

1. enge Freunde,
2. entfernte Freunde,
3. potentielle Freunde,
4. Partys,
5. Fußball,
6. Führerschein,
7. Job,

und dass für »Schule« unter Punkt 8 einfach keine Puste mehr vorhanden ist.

Tja! Und was lehrt mich diese Szene? Dass es unglaublich schwer sein muss, ehrlich und geradeheraus »Ich war's« zu sagen. »Ich hab Schule zu unwichtig genommen. Ich werde das im nächsten Halbjahr ändern.« (Wer könnte dem armen Kerl denn auch garantieren, dass seine ungeduldige Mutter einen derartigen Offenbarungseid nicht mit einem ätzenden »Und warum fällt dir das erst jetzt ein?« quittiert!)

Diese Szene lehrt mich außerdem, dass jemand, der anderen ihre Ausreden madig macht, lediglich deren Phantasie anspornt, sich neue auszudenken.

Als die Windpocken nicht mehr zogen, mussten die »anderen« herhalten, die alle auch kein gutes Ergebnis erzielt hatten. Und schließlich war der »blöde Typ von Lehrer« schuld.

Also? Schluss – Aus – Ende!

Ich weiß doch längst, dass ich weder durch sachlich korrekte Richtigstellung noch durch detektivisch-spitzfindige Schuldnachweise erreichen werde, dass einer, der bislang die Verantwortung auf andere geschoben hat, sie nun fröhlich selber übernimmt.

Ja, sicher kann man anderen ihre Ausreden madig machen. Aber keine Macht der Welt wird es jemals schaffen, aus einem verantwortungsscheuen einen verantwortungsfreudigen Menschen zu machen.

Für Ausreden gilt: Wenn die eine nicht mehr zieht, dann muss eine andere her! Ganz einfach. Und warum?

Weil Ausreden Vorteile bringen, die mit der Wahrheit nicht zu erreichen sind.

- Sie verhindern, dass man uns durchschaut.
- Sie helfen uns, besser dazustehen, als wir sind.
- Sie dämpfen die Angst, in den Augen anderer an Wert zu verlieren.

Und ich werde mich hüten zu sagen: »Auf diese Vorteile können Sie pfeifen!« Schließlich leben wir in einer Gesellschaft, die konsequent auf Leistung setzt.

Da zählt der, der Erfolge vorweisen kann.
Da kriegt man das, was man verdient.
Da kann man befördert und degradiert werden.
Da locken Siegerpodeste und da droht das »Aus«.
Da hängt tatsächlich so vieles von dem ab, wie gut oder schlecht wir uns präsentieren.

Ja sicher, wenn das anders wäre ...,

- wenn wir einen Ort hätten, an dem wir nicht dauernd nach unserer Leistung beurteilt würden;
- einen Ort, wo keiner uns festnagelte auf das, was wir doch schließlich längst begriffen haben müssten und dann leider doch so oft nicht schaffen;

- einen Ort, an dem unsere Fehler uns nicht als Makel, sondern als Beweis für Wachstum angerechnet würden.

Dann wäre es viel leichter, sich als Täter im eigenen Leben zu bekennen. Dann wäre die Angst vor Imageverlust vollkommen gegenstandslos. Dann bräuchte sich niemand mehr rauszureden auf »genetisches Pech«, widrige Umstände, auf Windpocken oder die notwendige Rücksicht auf andere. Dann würden wir ent-schuldigt, ohne es selber bewerkstelligen zu müssen.

Dann wäre es wie in der Geschichte vom »verlorenen Sohn«, einem Gleichnis, das Jesus erzählte, um den Leuten Gott vor Augen zu malen.

Da hatte ein junger Mann die Nase voll vom »trauten Heim«. Er ließ sich vorzeitig sein Erbe auszahlen, machte sich damit aus dem Staub und kam dann leider überhaupt nicht zurecht. Nach kurzer Zeit hatte er Geld, Freunde und Ansehen restlos verspielt.

Und dann beschließt er, nach Hause zu gehen. In Gedanken legt er sich Worte zurecht, die seinen Vater gnädig stimmen sollen. Er wird ihm vorschlagen, von nun an als Tagelöhner bei ihm zu arbeiten und auf die Würde eines Sohnes zu verzichten.

Und dann? Dann kommt alles ganz anders. Die vorbereitete Rede bleibt ungehalten. Der Vater empfängt den Sohn mit offenen Armen, ohne Schelte, ohne Moralpredigt! Nichts dergleichen hat dieser Vater auf Lager. Kein: »Hättest du das niemals getan!« Kein: »Wenn so etwas noch einmal passiert, kommst du mir nicht mehr unter die Augen!« Nur bedingungslose Annahme!

Und was sagt der Sohn? Kein: »Vater, es hätte alles

ganz prima funktioniert, wäre ich nicht Opfer einer Hungersnot geworden!« Kein: »Hättest du mich als Kind nicht dermaßen streng behandelt, ich wäre gar nicht erst fortgegangen!« Kein »widriger Umstand« muss zur Verteidigung herhalten und keine »elterlichen Erziehungsfehler«.

So viel bedingungslose Annahme macht es dem Sohn ganz leicht, jede Selbstrechtfertigung außen vor zu lassen. So viel bedingungslose Liebe macht Verteidigungswaffen in Form spitzfindiger Ausreden vollkommen überflüssig. Bei so einem Vater, da braucht man sie nicht. Denn bei so einem Vater, da hat man seinen Platz. Und man verliert ihn auch nicht, wenn man sagt, wie es ist: »Vater, ich bin nicht zurechtgekommen!«

Für mich ist dieses Gleichnis deshalb so wichtig, weil es die Notwendigkeit permanenter Imagepflege in Frage stellt und unser verzweifeltes Streben nach makellosem Teint für absurd erklärt.

Vor Gott sind wir angesehene Leute. Und wer angesehen *ist,* muss nicht mehr darum kämpfen.

Wer freigesprochen ist, kann aufhören, dieses schöne Leben wie eine nie endende Gerichtsverhandlung zu erleiden, bei der immer wieder aufs Neue unsere Existenzberechtigung in Frage gestellt wird und wo die Angst vor mangelnden Beweisen alle Lebenslust im Keim erstickt.

Der Einzige, der (weil er vollkommen ist) Grund hätte, unser Richter zu sein, hat sich ein für alle Mal entschieden, unser Liebhaber zu sein. Mögen Kirchen und weltliche Herrscher ihn jahrhundertelang zu einem strengen Sittenwächter umgebogen und zum Zwecke der eigenen Machtausübung als ihren verlängerten Arm benutzt haben, das Neue Testament sagt etwas ganz anderes. Vor Gott, der uns durchschaut bis in die Tiefen unserer Träume, sind wir angesehene Leute.

Und was haben wir davon? Eine echte Alternative. Eine Alternative zu all den anderen Stimmen um uns herum, die uns einreden, unser Wert sei eine immer neu zu beweisende Größe. Eine Alternative zu all den Stimmen, die uns einreden, unser Wert sei abhängig von Leistung und Makellosigkeit. Wer ernst nimmt, was Gott über ihn denkt,

- den wird Kritik von Menschen nie mehr völlig aus den Pantinen werfen;
- der muss nicht pausenlos glänzen;
- der ist nicht aufgeschmissen, wenn andere hinter seine Fassade gucken können;
- der darf sein Quantum Versagen akzeptieren, ohne sich dafür verachten zu müssen;
- der hat einen Ort, an dem er auf Ausreden verzichten kann.
- Und jedes ehrliche Zwiegespräch mit Gott kann ihm als Trainingsfeld dienen, den aufrechten Gang zu üben.

Und dann? Dann passiert, was immer passiert:

- Training wirkt sich aus.
- Training macht sicher.
- Mehr Sicherheit macht Mut, sich an größere Herausforderungen heranzuwagen und schließlich auch dort aufrecht zu gehen, wo die begeisterte Zustimmung ausbleibt.

Immer? Nein, das schaffen wir nicht. Aber immerhin immer öfter.

Angenommen, wir würden die ganze Welt nach einem Menschen ohne Fehl und Tadel absuchen, und angenommen, wir würden dabei fündig, dann fänden wir einen Menschen, der niemals eine Ausrede benutzt.

Beides ist Utopie!

Wir sind nicht vollkommen. Und wir spüren das genau. Das Herausreden auf äußere Ursachen bleibt verlockend bis zu unserem letzten Atemzug. Ein Stück Scham voreinander bleibt Bestandteil jeden Lebens. Und Feigenblätter brauchen selbst die, die sich innig lieben.

Sich nie mehr als Statist im eigenen Leben auszugeben, der ausführen muss, wozu andere das Drehbuch schrieben, das schaffen wir frühestens im Himmel. Denn jedes Eingeständnis der eigenen Regiemöglichkeiten bewirkt, dass wir zur Verantwortung gezogen werden können. Und davor fürchten wir uns.

Und weil das »Fürchten da aufhört, wo das Müssen beginnt«, deshalb wird die Rolle des Statisten ihren Reiz nie völlig verlieren.

Dass der Verzicht auf Ausreden allerart aber überhaupt nicht möglich sei, weil er hier und jetzt noch nicht völlig gelingt, das ist eine Behauptung, die weder von einem nüchternen noch von einem bescheidenen Wesen zeugt. Diese Behauptung zeugt einzig und allein von Resignation. Und dazu gibt es keinen Grund.

Sie kennen das doch: Die Türen, die Sie trotz Aufwendung aller Kräfte nicht aufstoßen können, die müssen nicht unbedingt verschlossen sein. Sie gehen lediglich nach innen auf. Da draußen steht gar keiner, der Ihnen die Freiheit verwehrt. Sie selber versperren sich den Weg. Darum geht's!

Wann immer wir aufhören, die Hindernisse für gelingendes Leben außerhalb unserer Person zu suchen, und stattdessen anfangen, unseren eigenen Handlungsspielraum auszuschöpfen, werden wir vieles schaffen.

Und siehe da: »Eigentlich« wird überflüssig.

Und dort, wo wir trotz ehrlicher Absicht und echtem Bemühen an Grenzen geraten, da sollten wir sie akzeptieren und »Eigentlich« zukommen lassen, was »Eigentlich« gebührt: eine würdige Bestattung.

Zufriedenheit wächst,

- wo einer tut, wozu er in der Lage ist,
- wo einer unrealistische Ideale sausen lässt
- und wo einer das eine vom anderen zu unterscheiden weiß.

NACHWORT

Es gibt Bücher, die sind so lange ein Trost, wie man keinen braucht. Es gibt Bücher, die sind so lange ein Genuss, wie man darin die Schwächen anderer beschrieben glaubt. Möge dieses Buch nicht dazu gehören.

Wenn es gedruckt ist, ist nichts mehr zu verändern. Für unser persönliches Drehbuch gilt, Gott sei Dank, etwas anderes. Da können wir uns Änderungen jederzeit vorbehalten, ob wir nun 20, 30 oder jenseits der 40 sind. Denn:

Ob ranzig mit zwanzig
oder würzig mit vürzig,
das ist wieder mal ganz alleine unsere Entscheidung. (Schade, dass ich diesen phantastischen Zweizeiler keinem chinesischen Weisheitslehrer andichten kann!)

Das war's!

Wahrscheinlich wollten Sie jetzt ja auch eigentlich spazieren gehen, Fenster putzen oder die Steuererklärung in Angriff nehmen, oder? Da werde ich mich schön hüten, Sie aufzuhalten, um mir am Ende Ihre ungeputzten Fenster in die Schuhe schieben zu lassen!

Nein, Marion B. aus Hamburg wird jetzt ganz genüsslich ihr Sparschwein schlachten. (Sie erinnern sich?) Klaus Hoffmann hat eine neue Platte gemacht. Die wollte sie sich *eigentlich* schon letzte Woche genehmigen.

Und jetzt ist Schluss mit »Eigentlich ...«!

Angenommen, Sie würden auf dieses Buch eigentlich gern reagieren ..., dann tun Sie's doch!

Hier ist meine Adresse:

Marion Buchheister
Wientapperweg 29b
22589 Hamburg

Weiterführende Literatur

Ansbacher, Heinz u. Ansbacher, Rowena:
»Alfred Adlers Individualpsychologie. Eine systematische Darstellung einer Lehre in Auszügen aus seinen Schriften«, Ernst-Reinhardt-Verlag, München 1982ff.

Künkel, Fritz:
»Die Arbeit am Charakter. Die neue Psychotherapie in ihrer Anwendung auf Erziehung, Selbsterziehung und seelische Hilfeleistung«, Friedrich Bahn-Verlag, Neukirchen-Vluyn 1991

Pfeifer, Samuel:
»Die Schwachen tragen. Moderne Psychiatrie und biblische Seelsorge«, Brunnen Verlag, Basel 1990

Jellouschek, Hans:
»Vom Fischer und seiner Frau. Wie man besser mit den Wünschen seiner Frau umgeht«, Kreuz Verlag, Zürich 1996